도둑놈들

1

도둑놈들

선거, 어떻게 훔쳤나?

1

공병호 지음

공병호연구소

프롤로그

선거사기, 사실인가?

"요즘 세상에 부정선거가 어디에 있나!"

이렇게 반문하는 사람들이 여전히 많은 상황에서 대한민국의 선거사기 문제를 대놓고 책으로 다루는 일은 용기가 필요하다. 더욱이 언론들과 식자층들이 담합을 하기라도 한 듯이 부정선거 문제에 침묵하고 은폐하는 현실에서 선거부정 문제를 꼬치꼬치 다루는 일이 무모하게 보일 수도 있다.

현재 대한민국의 실상은 이렇다. 일부는 은폐하기를 원하고, 일부는 그런 일이 있었다 치더라도 과거의 일로 그냥 외면해버리길 원한다. 또한 일부는 적극적으로 자신의 이익과 정치적 경력관리를 위해 부정선거를 은폐하는 일에 열렬하게 나서고 있다. 다수는 "그래서 부정선거가 있었다고 치자. 내가 먹고사는 일에 무슨 지장을 주는데"라면서 먼 산을 쳐다보듯 하고 있다.

그러나 선거부정의 고착화는 궁극적으로 체제 변혁, 특정 정치세력에 의한 장기집권, 자유와 재산의 약탈, 그리고 빈곤과 가난을 낳을 수밖에 없는 대사건이다. 그래서 침묵할 수 없었다. 왜냐하면 대한민국 공직선거에서 일어난 선거사기는 단발적이고 우연한 사건이 아니기 때문이다. 그것은 대단히 체계적이고 조직적인 선거사기 범죄다. 특정 정치 세력이 주도하고, 선거사무를 담당하는 자들이 동원되어 저질러진 엄청난 범죄다. 또한 선거사기는 과거의 일이 아니다. 현재의 일이며, 앞으로도 계속될 일이기 때문에 정말 심각하다.

선거사기, 현재진행형

이 책은 뚜렷한 목적을 갖고 있다. "그런 일이 일어났다고 하더라"라는 차원이 아니라 "실제로 그런 일이 이렇게 일어났다"는 관점에서 선거부정 문제를 다루려고 한다. 다시 이야기하면 이 책은 공직선거의 선거사기에 대한 전체 모습과 세부적인 모습을 국민들에게 숨기지 않고 공개하는 것을 목표로 준비되었다. 한마디로 대한민국 공직선거를 관통하고 있는 선거사기 문제를 낱낱이 까발리는 것이다.

필자는 2000년 경제연구소를 떠난 이후 2019년까지 작가로서, 강연자로서 활동하였고, 사회문제에 대해서는 깊은 관심을 갖지 않았다. 2019년 우연한 기회에 유튜브 채널 공병호TV를 시작하면서 다양한 사회문제에 대한 발언을 하기 시작하였다. 그러다가 운명적으로 선거사기 문제를 만나게 되었다.

2020년 4·15 총선이 끝난 다음 선관위가 발표한 후보별 득표수로 구성되는 선거 데이터를 확인하고 '이 사람들이 사전투표를 조작하였구나'라는 강한 의심을 갖기 시작하였다. 두 눈으로 확인한 다음부터 본격적으로 선거부정 문제를 집중적으로 다루기 시작하였다. 누구누구처럼 자신의 경력관리를 위해 침묵할 수는 없었다. 그렇게 생겨먹지를 않았기 때문이다.

젊은 날 미국에서 경제학으로 훈련받은 필자는 모든 것을 가설검증이란 입장에서 접근해왔다. 4·15 총선의 선거 데이터를 확인한 다음, 마치 과학자들이 자신의 의심이나 궁금함을 가설로 만들어서 하나하나 입증하듯이 선거부정 문제를 접근하였다. 그동안 "4·15 총선은 부정선거인가?"라는 가설을 다양한 각도로 검증하였다.

4·15 총선에서의 부정선거는 단순한 의심을 넘어서 점점 확신의 단계로 진입하기 시작하였고, 결국 여러 차례의 재검표가 실시되면서 "4·15 총선이 심각한 부정선거였다"는 결론에 도달하게 되었다. 그럼에도 불구하고 선거무효소송 초창기부터 대법관들은 사건을 작심하고 은폐하는 데 총력을 기울였다. 마침내 민경욱 후보의 4·15 총선 인천광역시 선거무효소송은 원고 소송 기각으로 선관위의 손을 들어주고 말았다.

선거부정 문제를 규명하기 위해 노력하였던 사람들 가운데 많은 사람이 낙담하였고, 일부는 변절하여 딴소리를 하기도 했다. 현재를 기준으로 보면 선거부정 문제를 규명하는 사람들은 과거에 비해 턱없이 세가 약해진 실정이다. 선거부정 규명 운동은 거의 유명무실하게 되었다. 선거부정 문제를 규명하기 위한 노력들은 눈에 띌 정도로 위축되고 말았다. 선거조작 세력들이 마치 승리한 것처럼 보일 지경이다.

3·9 대선부터 새롭게 시작

필자도 승산이 없어 보이는 부정선거 규명을 그만둬야 하나를 두고 고민하였지만, 심기일전하여 새로운 차원으로 선거부정 문제를 다루기 시작하였다. 선거 데이터를 세밀하게 분석할 수 있는 한 분(재야 전문가)과 연락이 되어서 3·9 대선이 끝난 시점부터 새로운 도전을 시작하였다. 그것은 2016년 총선부터 시작해서 대한민국의 모든 공직선거들을 철저하게 심층 분석하는 일이다.

4·15 총선의 부정선거 문제를 다루면서 필자는 선거사기범들이 한 번만 선거사기 짓을 했다고 생각하지 않았다. 악은 절대로 평범하지 않다. 그들은 비슷한 방법을 사용하여 모든 공직선거에서 권력을 훔쳤거나 훔치려는 시도를 했을 것으로 의심해왔다. 쉽게 말하면 새로운 가설("문재인의 등장 단계부터 대한민국의 모든 공직선거는 부정선거였다")을 선거 데이터 분석을 통해 입증하기 위한 도전이 시작되었다.

3·9 대선이 끝나자마자 '이 선거도 조작을 했구나'라는 의심을 며칠 만에 재야 전문가의 도움으로 입증하게 된다. 여기서 그치지 않고 윤석열 정부 하에 치러진 첫 번째 공직선거인 6·1 지방선거 역시 얼마만큼 조작을 한 것인지를 밝혀내게 된다.

기세를 몰아서 2017 대선, 2018 지방선거, 그리고 2020 총선을 모두 분석해서 선거사기를 밝혀내게 된다. 마지막 남은 퍼즐인 2021년 4·7 서울시장 보궐선거와 부산시장 보궐선거가 11월 중순에 마무리된다. 현재 필자와 재야 전문가는 '2016 총선-2017 대선-2018 지방선거-2021 보궐선거-2022 대선-2022 지방선거'에 대한 모든 분석 작업을 마쳤다. 결론은 한 문장으로 압축할 수 있다.

"그들은 모든 공직선거를 도둑질하였다."

바로잡는 일은 우리의 책무

모든 작업이 마무리된 11월 중순에서야 선거사기범들이 저지른 범죄를 낱낱이 정리해서 국민들에게 알려야 할 시점이 되었다고 판단하고, 이 책을 준비하게 되었다. 집요하게 선거사기 문제를 파헤치게 된 것은 이것이 너무나 중요한 사건이기 때문이다. 선거를 도둑질하는 것은 공동체 차원에서 할 수 없는 사악한 일이 될 것으로 본다. 선거사기를 조직적으로, 체계적으로 감행하는 것은 그 자체가 국가 체제를 전복시키는 내란죄에 해당한다.

그럼에도 불구하고 현재 대한민국 상황은 무관심과 은폐가 대세를 차지하고 있는 것처럼 보인다. 이성과 양심이 마비된 사회처럼 보인다. 직설적으로 이야기하면 대한민국은 윤리적으로, 도덕적으로, 이성적으로, 법적으로 사망 상태에 놓여 있다. 신임 대통령도 공동체의 흥망과 관련된 이 중대한 사안에 대해 애써 외면하는 모습이 역력하다. 무슨 말 못 할 이유가 있는지 알 수 없지만, 대통령이 수행해야 할 중요한 책무를 다하지 않고 있는 것이 사실이다.

그럼에도 불구하고 나는 내가 나서 자란 조국에 봉사하는 것이 부정선거의 사실과 진실을 밝히는 일이라고 본다. 나라의 덕을 많이 본 인간들이 저마다의 이유로 선거사기에 직접 혹은 간접으로 조력하거나 은폐하더라도, 사람은 그렇게 해선 안 된다고 생각한다. 다만 선거사기범들이 처벌받는가라는 문제는 내가 믿고 의지하는 하나님께서 공의와 정의의 기준으로 판단하시리라 믿는다.

많은 분이 이 책을 읽고, 이 흉악하고 사악한 범죄를 인지하고 이 문제를 해결하는 일에 관심을 갖고 조금씩이라도 힘을 더해주기를 바란다. 내가 받은 교육과 나의 가치관에 따르면 부정선거를 은폐하는 대열이 서거나 부정선거를 외면하는 일은 인간으로서는 해서는 안 되는 일이다. 그것은 짐승의 길이지, 인간의 길은 아니다.

선거사기범들은 우리가 그토록 손가락질하는 나라를 팔아먹은 이완용보다 더하면 더했지, 덜한 인간이 아니라고 본다. 조선은 무너지기 직전의 나라였지만, 대한민국처럼 멀쩡한 국가 체제를 무너뜨릴 범죄를 저지를 수는 없는 일이기 때문이다. 짐승이나 가축이라면 모를까, 인간이라면 이 같은 사악함에 눈을 감아선 안 된다고 본다. 더욱이 부정선거에 대한 무관심과 은폐의 사회적 비용과 개인적 비용은 측량할 수 없을 정도로 어마어마할 것이다.

공병호

목차

제2장 전산조작

1. 전산조작, 어떻게 찾아냈나 81

2. 전산조작, 어떻게 증명했나 94

제3장 3·9 대선, 6·1 지방선거

1. 3·9 대선, 2022년 135

2. 6·1 지방선거, 2022년 148

제4장 4·15 총선

제5장 2017 대선부터 모든 공직선거

제1장

선거사기

"선거사기의 핵심은 후보별 득표수를 조작하는 것이다. 당선자와 낙선자를 결정하는 기준이자 근거가 되는 후보가 얻은 득표수에 손을 대는 것이야말로 선거사기의 본질이다. 투표, 개표 등 선거 절차 가운데 어떤 부정행위를 행하였든지 간에 결국 그 모든 행위는 후보별 득표수에 고스란히 흔적과 증거물을 남기게 된다."

1
선거사기, 무엇을 말하는가?

한국은 유독 사기 범죄가 많은 나라다. 인구 대비해서 일본과 비교할 수 없을 정도로 사기 범죄가 많은 나라가 대한민국이다. 부끄러운 일이지만, 그게 한국 사회의 실상이다.

이제는 그런 사기 사건이 개인사에 그치지 않고 정당의 당내 경선, 각종 이익단체의 조합장 선거, 심지어는 학교 선거까지 부정선거가 행해지고 있다는 아우성이 여기저기서 터져 나오고 있다. 급기야 대한민국의 모든 공직선거까지 사기가 일상적인 일이 되고 있다는 의심을 받게 되었다.

선거사기라는 것

개인 간의 사기(詐欺) 사건은 타인의 돈이나 재산을 빼앗기 위해 타인을 속이는 범죄다. 선거사기도 마찬가지다. 권력을 훔치기 위해 국민을 속이는 범죄가 바로 선거사기다. 우리는 부정선거라는 용어를 사용하지만, 영어권 국가에서는 '선거사기(election fraud)'라는 표현을 사용한다.

선거사기의 목표는 권력을 훔치는 일이다. 대통령 자리를 훔치고, 국회의원 자리를 훔치고, 시장 자리를 훔치고, 구청장 자리를 훔치는 것들이 선거사기의 목표다.

권력을 훔치려는 자들은 투표자들에게 투표나 민심과 관련한 사실을 오인시키거나 속여야 한다. 다른 사기 사건과 마찬가지로 선거사기도 투표자들 혹은 국민들에게 거짓을 사실로 둔갑시켜야 함과 아울러 국민들을 속여야 원하는 결과를 얻을 수 있다. 선거사기를 매끄럽게 하기 위해 흔하게 우리 사회에서 동원되는 것이 바로 여론조사다.

여론을 조작할 수 있다면 매끄럽게 선거사기를 칠 수 있다. 한마디로 투표자들의 민심을 오인시키는 행위일 뿐만 아니라 투표자들을 속이는 일이다. 그러나 조작된 여론조사 결과를 실행에 옮기는 사람이나, 이를 감독하는 관청이나, 이를 대대적으로 보도하는 언론이나 모두 죄의식은 눈곱만큼도 없는 것이 현재의 우리 사회다.

선거사기의 위력

"지금 세상에 부정선거가 어떻게 가능한가?"라고 말하는 사람들이 깊이 생각해봐야 할 것이 있다. 이익이 있는 곳에는 사기라는 것이 등장할 수밖에 없다. 이익이 있는 곳에 사람이 몰리는 것과 마찬가지로 사기범들이 들끓게 마련이다. 쉽게 이익을 얻을 수 있다면, 그리고 그 이익이 막대하다면 일부 인간들은 목숨을 걸고 그런 짓을 하게 마련이다.

개인 사이의 사기 사건은 대부분 돈 때문에 발생한다. 땀을 흘리지 않고 쉽게 돈을 벌 수 있기 때문에 사기를 치게 된다. 선거사기도 마찬가지다. 그런데 선거사기는 아주 특별한 사기다. 그 어떤 사기보다도 선거사기만큼 천문학적 이익을 누릴 수 있는 것이 없다. 말과 글로 담아낼 수 없을 만큼 어마어마한 이익을 누릴 수 있는 것이 선거사기다.

만약 선거사기를 반복적으로 성공시킬 수 있다면 일부 정치 세력들이 오랫동안 권력을 쥘 수 있다. 장기집권이 가능하게 된다. 그렇게 권력을 잡은 사람들은 끼리끼리 오랫동안 해먹을 수 있다. 얼마나 대단한 일인가! 그렇기 때문에 "지금 시대에 부정선거가 어디에 있습니까?"라는 말은 올바른 주장이 아니다. 막대한 이익이 걸려 있는 선거는 언제나 사기의 대상이 될 수 있다.

4·15 총선에서 전직 고위 경찰관 출신으로 국회의원이 된 인물이 있다. 그가 나에게 "요즘 세상에 어떻게 부정선거가 있습니까? 부정선거를 하려면 수십만 명을 동원해야 하는데 어떻게 그것이 가능합니까?"라고 당당하게 이야기하면서 항의하였다.

그때 나는 참 이 양반이 세상 물정을 몰라도 너무 모른다는 생각을 했다. 경찰에 그렇게 오랫동안 몸담았다면 인간이 자기 이익을 위해 어떤 악행이라도 저지를 수 있다는 사실을 누구보다 잘 알 것이다. 늘 범죄자들을 대해왔을 것이기 때문이다.

1960년 3·15 부정선거를 저지를 때만 하더라도 오로지 실물 투표지를 투입해야 선거사기를 칠 수 있었다. 그러나 지금은 컴퓨터라는 디지털 도구를 활용해서 얼마든지 선거사기를 칠 수 있다. 이러한 현실에 눈을 감아서야 되겠는가. 컴퓨터를 통과한 숫자는 명령어 하나로 얼마든지 다른 숫자로 바뀔 수 있다는 사실을 모르는 것은 지나치다 할 정도로 어리석은 일이다.

컴퓨터 처리 결과는 일반 시민들이 육안으로 검증할 수 없다. 시민이 검증할 수 없다면 전문지식으로 무장하고 불순한 의도를 가진 인간들이 장난을 칠 수 있는 가능성이 크게 높아지게 된다.

막대한 이득, 선거사기 추진력

타인을 속여 돈을 갈취하는 일에 비교할 수 없을 정도로 선거사기는 막대한 이득을 안겨다준다. 선거사기범들은 장기집권을 할 수 있고, 이를 이용해서 자기 그룹에 속한 사람들끼리 이익을 나누어 가질 수 있다. 문제는 그런 이익이 하늘에서 떨어지지 않는다는 점이다. 그런 이익을 자기 그룹에 속하지 않는 일반 국민들에게서 가져와야 한다.

일반 국민들을 철저하게 수탈이나 약탈 대상으로 대할 수밖에 없다. 선거사기에 성공한 자들은 결국 '우리'(선거사기 그룹)와 우리에 속하지 않는 '그들'(일반 국민들)로 나눌 수밖에 없다. 일반 국민의 이익이나 뜻과 전혀 다른 정책이나 제도가 쏟아져 나오게 된다. 그래서 선거사기가 무서운 것이다. 자기들의 이익을 극대화해야 하기 때문에 국민 일반을 위한 정치를 할 수 없다. 국민들의 뜻과 다른 정치 체제가 등장할 수밖에 없다.

야당원로인 이해찬의 입에서 20년 좌파 장기집권론이 나오고, 50년 좌파 장기집권론이 나오는 것을 나는 형이상학적으로 해석하지 않는다. 그냥 간단명료하게 이렇게 해석한다. "우리끼리 20년 해먹자" 혹은 "우리끼리 50년 해먹자"는 뜻이라고. 그런 세상을 그들이 어떻게 만들려고 했는지, 그리고 거의 성공 직전까지 도달하였는지 이 책을 읽고 나면 선명하게 머릿속에 정리될 것이다. 여기에 더해 그들이 꿈꾸는 세상은 그들이 한 번 크게 실수를 했음에도 불구하고, 오래지 않아서 이루어질 가능성이 높다는 사실도 이 책의 끝머리에 깨닫게 될 것이다.

내가 하고 싶은 이야기는 막대한 이익이 있고, 보통 시민들이 육안으로 무슨 일이 일어나는지를 확인할 수 없는 컴퓨터가 있는 한 "지금 세상에 부정선거가 어떻게 가능한가?"라는 것은 말이 되지 않는 주장이란 점을 분명히 하고 싶다는 것이다.

총칼을 사용하지 않고 가장 교묘하게 권력을 탈취할 수 있는 방법이 선거를 훔치는 일이고, 선거사기를 치는 일이다. 다수결의 원칙에 따라 지도자를 선출하는 투표는 자유민주주의 체제의 가장 취약한 부분에 해당한다. 그런데 두 눈으로 확인할 수 없는 컴퓨터의 등장으로 자유민주주의 체제의 취약한 고리에 해당하는 선거가 왜

곡될 가능성은 크게 높아지고 말았다.

우려하는 바로 그 일이 다른 나라가 아니라 바로 대한민국에서 이미 일어났고, 지금 일어나고 있다는 점에 주목해야 한다. 그것도 한 번이 아니라 반복적으로 일어나고 있다는 사실을 알아야 한다. 그리고 앞으로도 계속될 것임을 알아야 한다.

끼리끼리 해먹는 것

"우리끼리 해먹자"의 생생한 사례는 이미 일반 시민들을 경악시킨 바 있다. 2018년 지방선거에서 더불어민주당은 정당화할 수 없는 방법으로 압승하였다. 그 결과로 2018년 지방선거에서 서울 구청장 25개 자리 가운데 24석을 차지하였다. 유일하게 서초구청장만 자유

⟨1-1⟩ 2018 지방선거와 2022 지방선거(서울 구청장)

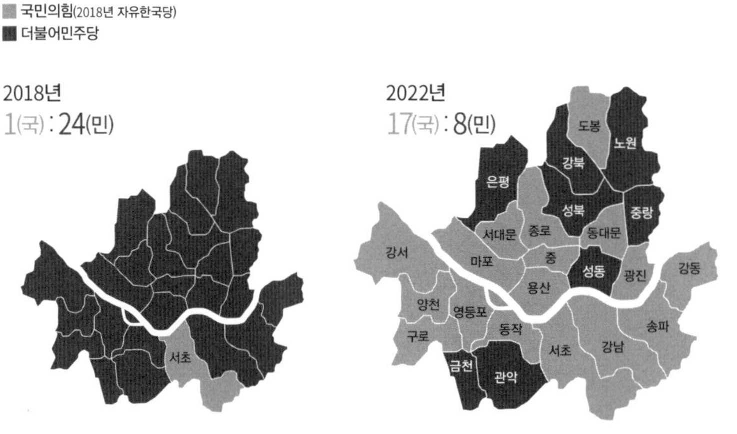

출처: 동아일보, 2022.6.3.

한국당 후보가 당선되었을 뿐이다. 참고로 2022년 지방선거에서는 국힘당이 17개, 민주당이 8개 자리를 차지하였다.

2018년 지방선거에서 민주당이 24개 자리를 차지한 비결이 무엇인지에 대해서는 앞으로 이 책에서 명확하게 밝힐 것이다. 정말 놀라운 사실은 24개 자리를 차지한 인물들 가운데 18명이 호남 출신이란 사실이다. 여기에다 시댁이 호남 출신인 양천구청장과 처가가 호남 출신인 강서구청장을 포함하면 20명으로 늘어난다. 그리고 '출신지 비공개'에 해당하는 송파구청장과 마포구청장을 포함하면 호남 출신 서울시 구청장은 모두 22명으로 늘어나게 된다.

2018년 지방선거에서 당선된 서울시 구청장 가운데 본인이 호남 출신이거나, 처가나 시댁이 호남 출신인 경우를 제외한 사람은 딱 3명(중구청장 서양호, 구로구청장 이성, 금천구청장 유성훈)이다. 대한민국에는 17개 광역시도가 있는데 호남 출신이 서울시 구청장 25개 자리에서 22개(88%)를 차지하였다. 이게 도대체 말이 되는 이야기인가! 그래서 사람들은 서울특별시가 아니라 호남특별시라는 혹평을 쏟아냈다. 부울경(부산·울산·경남), 충청, 강원, 제주 출신은 서울에서 단 한 명의 구청장도 배출하지 못했다.

이런 선거 결과를 보면서 정상이라고 생각하는 사람들은 많지 않을 것이다. 더욱이 '끼리끼리', '형남 아우'를 자연스럽게 떠올리는 사람들도 많을 것이다. 4~5년 집권에 이 정도로 할 수 있다면, 20년, 50년 장기집권이 가능해졌다면 그들은 도대체 이 나라를 상대로 어떤 일을 저지를 것인가를 짐작하고도 남음이 있다.

물론 끼리끼리에 포함되어 이익을 누리는 사람들은 달콤할 것이다. 그렇지만 이것은 옳은 일이 아니다. 더더욱 용서할 수 없는 방법

〈1-2〉 2018 지방선거(서울 구청장), 호남 출신

서울 25개 구청장 명단			
구	구청장	소속 정당	출신 지역
종로구	김영종	더불어민주당	전남 곡성
용산구	성장현	더불어민주당	전남 순천
성동구	정원오	더불어민주당	전남 여수
광진구	김선갑	더불어민주당	전남 장성
동대문구	유덕열	더불어민주당	전남 나주
중랑구	류경기	더불어민주당	전남 담양
성북구	이승로	더불어민주당	전북 정읍
강북구	박겸수	더불어민주당	광주
도봉구	이동진	더불어민주당	전북 정읍
노원구	오승록	더불어민주당	전남 고흥
은평구	김미경	더불어민주당	전남 영암
서대문구	문석진	더불어민주당	전남 장흥
양천구	김수영	더불어민주당	전남 담양
영등포구	채현일	더불어민주당	광주
동작구	이창우	더불어민주당	전남 강진
관악구	박준희	더불어민주당	전남 완도
강남구	정순균	더불어민주당	전남 순천
강동구	이정훈	더불어민주당	전북 정읍
서초구	조은희	자유한국당	경북 청송
충구	서양호	더불어민주당	인천
마포구	유동균	더불어민주당	전북 고창
구로구	이성	더불어민주당	경북
금천구	유성훈	더불어민주당	서울
강서구	노현송	더불어민주당	경기 파주
송파구	박성수	더불어민주당	광주

출처: "서울 지역, 25개 구청장 중 20명이 호남 출신", CEONEWS, 2018.7.16.

으로 선거에 불법적으로 개입해서 결과를 만들어냈다면 이는 용서할 수 없는 일이다.

선거사기 주범, 누구인가

대한민국 선거사기의 주범(주역)은 누구인가? 주범을 잡는 일은 검찰의 공공수사부가 해야 할 일이다. 그런 일을 하라고 국민들은 세금을 낸다. 선거사기 사건이 터지고 나면 당연히 선거사범에 대한 수사권을 가진 검찰이 나서야 한다.

그러나 지금도 그렇지만 앞으로도 이례적인 상황이 일어나지 않는 한 검찰이 나설 가능성이 있어 보이지 않는다. 여전히 일부 국민들은 검찰이 수사에 나설 것이라는 기대감을 갖고 있지만, 그 같은 희망은 이미 희박해졌다. 선거 공정성 확보에 대해 책임을 가진 자들이나 공적기관들 가운데 그 어떤 사람이나 그 어느 기관도 선거의 불법성 문제를 해결할 의지가 보이지 않는다.

그렇다면 수사권을 가진 검찰이 나서지 않으면 선거사기 주범이 누구인가를 밝힐 수 없는 것일까? 그렇지 않다. "당신이 선거사기범이다"라고 확정할 수 없지만, 우리는 얼마든지 유력한 인물이나 기관을 추측할 수 있다.

복잡하게 보이는 문제일수록 간단명료한 질문이 해결책을 내놓는 경우가 많다. 이런 질문을 던져보자.

"선거사기로 누가 가장 큰 이득을 누릴 수 있는가?"

이득을 가장 많이 보는 사람이 어떤 행위의 주체일 가능성이 매우 높다. 인간은 인센티브에 반응하는 존재다.

돈이 되면, 이익이 되면 움직이는 것이 인간이다. 이따금 이익보다 대의명분에 따라 움직이는 지사적 인간이 있기는 하지만 보편적인 일은 아니다. 선거사기로 누가 가장 큰 이익을 보는가라는 질문처럼 위력적인 것도 없을 것이다. 예를 들어 개인들 사이에 사기 사건이 일어났다면 이를 행한 주범은 명확하다. 사기 사건으로 가장 큰 이득을 누리는 자가 바로 주범일 것이다. 그다음 이익을 나누면서 협력하는 자들이 공범이나 종범일 것이다.

선거사기라고 해서 다를 바가 없다. 문재인 정권을 가능하게 한 2017 대선부터 시작해 문재인 정권 하에서 치러진 모든 공직선거에서 선거사기 사건이 터졌다고 하면 누가 가장 큰 이득을 누리는 자들인가?

이런 질문으로 우리는 누가 선거사기의 추진 세력이며 핵심 세력인가를 쉽게 짐작할 수 있다. 물론 "당신이 선거사기의 주범이다"라고 하기는 쉽지 않다. 그것은 수사권을 가진 검찰의 몫이고, 재판권을 가진 법원의 몫이다. 그러나 행위 주체가 누구인가는 추측할 수 있다. 가장 큰 이득을 누리는 자들이나 그런 정치 세력이라 할 수 있다.

압승했는데 떨기는 왜 떨어

2020년 4·15 총선이 끝난 이후에는 선거사기 행위 주체와 관련해서 좀 특별한 일이 있었다. 선거 직후 더불어민주당의 선거전략을

〈1-3〉 총선 직후 양정철 기습 인터뷰, 파르르 살이 떨리는 장면

#부정선거 #양정철 #이근형
양정철, 은퇴한다고? (3.20 연합뉴스 보도) / 글쎄 그게 가능한 일? / 선거절도한 사람아닌가? / 4.15총선 이후, 기습 인터뷰에서 "파르르, 살이 떨리는 양정철" 기억

출처: "[무엇이 두려운지] 입술이 파르르 떨림 (살떨림) / 민주당 압승 뒤 양정철 인터뷰 중", World ALL TV, 2020.

책임졌던 양정철 민주연구원장에 대한 기습 인터뷰는 많은 사람에게 강력한 인상을 남긴 명장면이었다.

기자: "이번 총선판에서 가장 큰 역할을 했고 언론들도 그렇게 평가하고 있는데, 당을 떠나시게 되셨는데 소감 한마디 해주시죠."
양정철: "어어어… (지나칠 정도로 입술을 덜덜 떨면서) 너무 엄청난 결과를 만들어주셔서 무섭기도 하고, 두렵기도 하고 국민들께서 주신 이 명령이 얼마나 엄청난지를…."

그런 이야기를 하면서 입술이 지나치다 할 정도로 심하게 파르르 떨리는 장면까지 포착되었다. 너무나 심하게 입술이 떨려서 보는 사람마다 '저 양반이 무엇이 저렇게 찔려서 저렇게까지 떨까'라고 생각하였을 것이다. 양정철의 발언은 다음과 같이 계속된다.

"총선 결과가 너무 무섭고 두렵지만, 당선된 분들이 국민들께 한없이 낮은 자세로 문재인 대통령님과 함께 국난 극복에 헌신해주시리라 믿는다. 여기까지 올 수 있었던 것은 이해찬 대표의 용기와 지혜 덕분이다. 우리 당은 오래도록 그분의 헌신적 리더십에 경의를 표하게 될 것이다."

모두가 깜짝 놀랄 정도로 압승했는데, 왜 입술을 누가 보더라도 이상하다 생각할 정도로 덜덜 떨었을까? 무엇이 그토록 두렵고 무서웠을까? 설마 했는데, 자신들이 원하는 그 목표치를 그대로 달성했기 때문이었을까? 범죄심리학을 직업으로 하지 않는 평범한 시민들도 "(덜덜 떨면서) 국민들의 선택이 두렵습니다"라고 털어놓는 양정철이란 인물을 보면서 참으로 많은 생각을 하였을 것이다.

4월 16일 아침에는 더더욱 특별한 일이 있었다. 더불어민주당 압승의 실무를 맡은 것으로 알려진 이근형 민주연구원 전략기획위원장은 놀라운 일을 스스로 했다. 더불어민주당이 전국에서 받은 정확한 의석수를 족집게처럼 맞춘 '사전투표 보정값'(일명 조작값)을 자신의 페이스북에 올렸다가 급히 내리는 일이 있었다.

그는 자신의 페이스북에 "투표 당일까지 늘 살얼음판이었다. '꿈의 숫자'를 얻었지만 두려운 결과이기도 하다"라는 글을 남기기도 했다. 그의 글을 보면서 나는 "꿈의 숫자라고?"라는 탄성이 절로 튀어나왔다.

꿈의 숫자라 함은 목표치라는 것을 의미할 것이다. 만들어낸 숫자 혹은 만들어진 숫자이기 때문에 '꿈의 숫자'라는 표현이 이근형의 글에서 나왔을 것이다. 속내를 들키고 만 사례에 속한다. 이 책

〈1-4〉 이근형, 4·15 총선 전국 보정값

이근형
4월 16일 오전 8:30

선거막판에 이러저러한 괴문서들이 돌아 다녔는데 실제 우리 당 전략기획 파트의 예측은 이랬습니다.

자랑질하려는 건 아니고......
나름 민심을 잘 읽으려 노력했다는 점을 강조하는 차원에서....

국민의 선택이 두렵게 느껴집니다.

문재인 정부와 더불어민주당이 확실하게 중간급유를 받아 연료를 가득 채우고 다시 길을 나섭니다.

국민과 더불어 이 위기를 극복하고 "나라다운 나라"에 좀 더 다가 가야 하겠습니다.

응원과 지지 보내주신 분들께 눈물겨운 감사를 보냅니다.

1-1 광역별 판세 (사전투표 보정값)

광역	전체 의석	현재 민주 지역구 의석	우세 (~+15)	경합 우세 (+15~+7)	+경합 (+7~+3)
전국	253	118	68	67	28
			135		
			163		
서울	49	36	17	18	6
경기	59	38	19	22	7
인천	13	7	5	6	1
대전	7	4		4	2
세종	2	1	1	1	
충북	8	4		3	2
충남	11	6	2	4	1
광주	8	1	7		
전북	10	2	7	1	2
전남	10	3	9	1	
부산	18	6		1	2
울산	6	1			1
경남	16	3		2	2
대구	12	2			

출처: 이근형 페이스북, 2020.4.16. / 사람아이엔지 정준호 대표 유튜브 영상

을 마무리할 즈음이 되면 여러분께서는 그들이 '꿈의 숫자'라고 부르는 것을 어떻게 제조 및 생산했는지를 상세히 알 수 있을 것이다.

잘 알고 있는 사람들

무엇보다도 선거사기를 통해 가장 큰 이득을 보는 집단은 더불어민주당 구성원들이다. 지금 21대 국회에서 온갖 법안을 무리하게 통과시켜온 더불어민주당 국회의원들이 가장 큰 수혜자들이다. 4·15 총선 당시에 그들 가운데 소수는 선거사기를 인지하고 있었을 것이고, 일부는 몰랐을 것이다.

선거가 끝나고 3년이 가까이 되어오는 현재 시점에서는 대부분은 자신이 어떻게 당선되었는지를 알고 있을 것으로 본다. 그리고 4·15 총선이 어떤 선거였는지 그들 스스로 잘 알고 있을 것이다.

예를 들어 2020년 4·15 총선의 경우를 보자. 선거사기의 핵심 인물은 양정철 민주연구원장과 이근형 전략기획위원장이라고 생각한다. 대내외에 그들이 선거를 기획해서 치른 것으로 알려졌고 자타공인 사실이기 때문이다. 하지만 그들 역시 자신이 속한 정당의 승리를 위한 일종의 에이전트(대리인)라고 할 수 있다. 에이전트는 누군가의 이익을 위해 특정 작업을 대신해서 수행하는 행동대원일 뿐이다.

그 윗선에서 선거 승리를 위해 진두지휘하는 사람들이 선거사기의 실상을 몰랐을 가능성은 거의 없다고 본다. 양정철이 자기 이익을 위해 선거사기를 행할 수는 없다. 마찬가지로 이근형이 자기 이

〈1-5〉 4·15 총선 민주당 압승 주역

163석 족집게 예측…민주당 숨은손 이근형·양정철 '콤비'

중앙일보 | 입력 2020.04.17 02:00

하준호 기자 구독

"지면 역적 이기면 공신."

4·15 총선의 결과가 확인되기 전 더불어민주당 내에서 양정철 민주연구원장과 이근형 전략기획위원장을 두고 많이 나오던 말이다. 그럴만큼 인재 영입부터 전략 수립과 집행 전 과정에서 두 사람의 역할은 컸다. 두 사람은 이른바 '5인 TF(두 사람과 이인영 원내대표, 윤호중 사무총장, 최재성 전략기획자문위원장)'를 통해 민주당의 일사분란한 움직임을 만들었다.

출처: 중앙일보, 2020.4.17.

익만을 위해 그 짓을 할 수는 없다고 본다. 그들은 충실하게 가장 큰 수혜자들을 위한 핵심 행동대원으로 그 짓을 행하였을 뿐이다.

더불어민주당 제3대 당대표는 이해찬이다. 그는 2018년 9월부터 2020년 4·15 총선을 압승으로 이끈 다음 당대표에서 물러섰다. 그는 잘 알려진 바와 같이 2017년부터 20년 장기집권론과 50년 장기집권론을 공공연히 외치고 다녔던 인물이다. 그는 민주당 내부에서 그 어느 누구보다도 공직선거 결과가 어떻게 만들어지고 있는지를 잘 알고 있었을 것이다.

이해찬(7선, 1952년생)과 함께 호흡을 맞추었던 윤호중(4선, 경기 구리시, 1963년생)은 2019년 11월부터 2020년 4월까지 4·15 총선 더불어민주당 총선기획단 단장을 맡았다. 또한 2018년 9월부터 2020년 8월까지 사무총장을 맡았다. 그뿐만 아니라 4·15 총선 당시 민주당의 원내대표는 통일부장관을 지냈던 이인영(3선, 구로구갑, 1964년생)이다. 이처럼 민주당의 핵심 인물들은 대부분 직접 혹은 간접으로 승리를 만들어내기 위한 작전을 잘 알고 있었을 것으로 본다. 윤호중과 이인영의 4·15 총선 지역구 선거 결과도 극심하게 오염된 경우다.

문재인이 당선되는 2017 대선부터 2022년 지방선거에 이르기까지 선거사기를 통해 가장 큰 이익을 누릴 수 있게 된 집단은 더불어민주당이다. 그렇다면 더불어민주당에서 상층부에 속하는 당대표, 원내대표, 사무총장, 민주연구원장 등을 비롯한 요직에 있는 사람들은 공직선거를 어떻게 요리해왔는지를 알고 있을 것으로 본다. 각자가 얼마만큼 알고 있었는지, 어느 정도 불법에 가담했는지는 검찰 수사를 통해서만 확인될 수 있는 일이다.

한국 헌정사에서 수백억 원의 정당보조금을 받는 공당이 조직적이고 체계적으로, 그리고 지속적으로 선거사기에 간여한 초유의 사태가 발생한 것이다. 이 같은 짓거리는 문재인 정권 탄생 선거인 2017 대선부터 지금까지 계속되고 있으며, 아주 특별한 조치가 취해지지 않는 한 앞으로도 계속될 것이다.

협력자들은 누구인가

선거사기를 기획한 자들이 있다면 당연히 기획 시나리오에 맞춰서 원하는 선거 결과를 만들어낸 관계자들이나 실무자들이 있을 것이다. 이들을 두고 선거조작범 혹은 선거사기범이라 부를 수도 있고, 선거사기 하수인 혹은 협력자들이라 부를 수도 있을 것이다. 그들을 어떻게 부르는가는 그다지 중요하지 않다. 정말 중요한 것은 그들의 적극적인 협조 없이는 선거사기를 기획한 사람들은 자신들이 원하는 대로 선거 결과를 주무를 수 없다는 점이다.

공직선거에 대한 선거사기범들에 대한 검찰 수사가 전무한 상황에서 누가 어느 정도 선거 결과 조작에 간여했는지를 정확히 알 수 없다. 그럼에도 불구하고 우리는 선거업무 혹은 선거사무를 담당하는 자들이 선거사기에 중요한 역할을 수행한 자들이라 생각하지 않을 수 없다.

선거는 여러 공적기관 가운데서 선거관리위원회가 독점적으로 맡고 있다. 따라서 선거에서 일체의 의심이나 의혹, 그리고 문제가 발생하면 선거관리위원회 관계자들이 책임을 질 수밖에 없다.

중앙선거관리위원회는 자신의 직무를 이렇게 정의하고 있다. "공직선거법에 규정된 대통령 선거, 국회의원 선거, 지방의회의원 및 지방자치단체의 장 선거를 관리하고 있습니다." 여기에 더해 선거와 관련된 다양한 절차를 선거관리위원회가 맡고 있음을 분명히 선언하고 있다. 선거사무 관리 절차에 대한 중앙선거관리위원회의 설명은 다음과 같다.

"선거관리는 선거일 전 일정 시점부터 예비후보자 등록을 시작으로 선거인명부 작성 및 감독, 후보자 등록, 선거운동 관리, 투표 및 개표 과정을 통해 당선인을 결정하게 됩니다."

이런 과정 가운데서 어느 한 곳에서라도 문제가 발생하면 그 책임 소재는 명확하다. 선거관리위원회 해당 관계자와 결제 및 지휘라인에 있는 사람들이 책임을 져야 한다. 다른 국가나 다른 공적기관에게 책임을 떠넘길 수가 없다.

예를 들어 4·15 총선 재검표에서는 배춧잎 사전투표지, 본드가 묻은 사전투표지, 자석처럼 투표지들이 서로 붙은 자석투표지, 좌우 여백이 현저하게 다른 투표지, 상하 여백이 다른 투표지 등과 같은 이상한 투표지들이 대부분의 재검표에서 대량으로 출현하였다. 여기에다 셀 수 없을 만큼 많은 신권 다발같이 빳빳한 위조 사전-당일투표지들이 대량으로 쏟아져 나왔다. 이 같은 투표지들은 투표소나 개표소에서 존재하지 않았던 투표지들이다.

이처럼 이상한 투표지들은 정상적인 투표지라고 볼 수 없다. 누군가 사전투표에서 프린터로 출력되어 교부되어야 할 투표지 대신에 인쇄소에서 사전투표지를 대량으로 인쇄하여 투표함에 투입하였을 가능성이 매우 높다. 이것이 사실이라면 법원의 명령에 따라 투표함을 보관하고 있던 지역 선관위 관계자의 소행일 가능성이 높다. 왜냐하면 개표가 끝난 이후 법원 증거보전명령 이전까지 투표함을 보관하고 있던 지역 선관위 관계자들 이외에는 투표함에 접근할 수 있는 사람들이 없기 때문이다.

이상한 투표지들이 쏟아져 나오는 것을 보면서 지역 선관위 관계자들 이외에 어느 누가 이런 짓을 할 수 있을까라는 의문문을 던지게 된다. 해당 지역 선관위 관계자들 외에 투표함에 접근할 수 있는 사람은 없기 때문이다. 그러나 그들이 스스로 움직였을 가능성은 없다. 그들 역시 윗선의 누군가의 지시를 받았을 것이다.

물론 대법관들은 이상한 산더미처럼 출토한 이상한 투표지들을 모두 정상적인 투표지라고 판결을 내렸다. 정신이 나가지 않고서는 나올 수 없는 판결이다.

체계적이고 조직적인 조작 행위

그런데 이처럼 실물 위조투표지를 투입하는 것 이외에 전산조작에 의한 선거사기가 일어났다면 이것은 또 다른 차원의 문제다. 오늘날은 원격으로 얼마든지 선거 결과를 조작하는 일이 가능하다. 더욱이 전산조작은 내부에서 행하지 않더라도 내부 협력자로부터 제공 받은 아이디와 패스워드 등 내부 컴퓨터에 접근할 수 있는 자격을 갖고 있다면 외부에서도 얼마든지 행할 수 있다.

대한민국 공직선거가 끝난 이후에 선거사무를 담당하는 사람들이 그토록 컴퓨터 출입기록 공개를 완강히 거부한 것이나 컴퓨터의 포렌식에 협조하지 않은 충분한 이유가 무엇이라고 생각하는가. 이 같은 거부는 결국 선거의 과정 가운데 반드시 포함되어야 할 검증(audit) 자체를 거부하는 것을 뜻한다. 일반 국민들이 육안으로 손쉽게 검증할 수 없는 선거의 공정성을 어떻게 담보할 수 있겠는가!

선거사무를 담당하는 사람들이 흔하게 사용하는 주장이 있다. "우리는 그런 나쁜 일을 하지 않는다"는 것이다. 혹은 "우리는 선거사무를 담당하는 헌법기관이기 때문에 그런 일들에 간여될 수 없다"고 주장한다. 그러나 평범한 인간도 얼마든지 사악함에 간여할 수 있다. 그 전제조건은 이익이 걸려 있을 때는 악과 손을 잡을 수 있는 것으로 이는 만고불변의 진리다. 선거사기는 막대한 이익이 관련되어 있기 때문에 조직적인 범죄가 얼마든지 가능하다. 따라서 엄격한 검증이 필수적이다. "우리는 그런 류의 악에 가담하지 않는다"는 주장은 누구도 설득할 수 없다.

나는 재야 전문가의 도움으로 2016 총선부터 2022 지방선거까지 모든 선거를 분석하였다. 그리고 운명적으로 대한민국 선거부정 문제를 다루는 일에 거의 3년 정도를 그 어느 누구와 비교해도 뒤지지 않을 만큼 열심히 해왔다.

지금까지 얻은 결론은 간단명료하다. "대한민국 공직선거에서 단순한 선거사기가 일어나지는 않았다"는 점이다. 선거사기를 기획한 자들의 명령과 지시에 따라 선거사무를 담당하는 자들이 적극적으로 선거사기 프로젝트를 수행하지 않고서는 일어날 수 없는 일이 대한민국에서 발생했다고 판단하게 되었다.

선거사무를 담당하는 자들이 깊숙이 개입하지 않고선 온라인 선거조작과 오프라인 선거조작이 대한민국 공직선거에서처럼 광범위하게 일어날 수는 없는 일이다. 따라서 대한민국 공직선거는 자신들의 정치적 이득을 확보하기 위해 특정 정치집단의 핵심 인사들이 선거사기를 정교하게 기획하고, 그들의 지시에 따라 선거사무를 담당한 자들이 적극적으로 선거사기 행위를 저지른 경우에 해당한다고 볼 수 있다.

선거사기의 경험과 노하우가 축적되면서 선거사기범들은 어떤 공직선거든지 간에 원하는 대로 얼마든지 선거 결과를 만들어낼 수 있는 수준에까지 도달하게 되었다. 기존의 공직선거 분석을 행하면서 3·9 대선에서 윤석열 후보가 당선된 것은 한편으로는 기적 같은 일이라 할 수 있고, 다른 한편으로는 선거조작범들의 실수나 실책에 연유하는 바가 크다고 할 수 있다.

그만큼 대한민국 공직선거를 훔쳐온 자들은 아주 능숙하게 선거조작을 행할 수 있는 단계에까지 도달하게 되었다. 특단의 조치가 취해지지 않는 한 그들의 선거사기 행각은 앞으로 계속될 수밖에 없다는 점에 심각성이 있다.

2
선거사기, 어떻게 했나

선거사기범들이 사용하는 선거사기 방법은 도대체 어떤 것일까? 사실 선거라는 것은 아주 간단한 활동이다. 초등학교 반장선거나 대한민국 공직선거나 선거의 본질이란 면에서는 다르지 않다. 투표지를 준비해서 한 사람이 한 장씩을 받아서 원하는 후보를 기표한 다음 투표함에 넣는다. 모든 사람의 투표 행위가 끝나면 투표함을 열고 투표지를 한 장 한 장 펴서 후보별도 더하면 된다. 최종 결과는 후보별 득표수로 마무리되고 득표수에 따라 당선자와 낙선자를 결정하게 된다.

공직선거라고 해서 다를 것이 없다. 이렇게 간단한 투표 행위를 복잡하게 만든 것이 대한민국 공직선거다. 간단한 것을 복잡하게 만들면 문제가 생기게 마련이다. 간단한 선거를 복잡하게 만들기 위해 필사적으로 노력하는 자들은 나름의 이유가 있을 것이다. 선거를 복잡하게 만들면 만들수록 선거조작을 행할 수 있는 기회를 더 많이 확보할 수 있기 때문이다.

지금부터 선거사기범들이 어떻게 선거를 훔쳐왔는가를 정리하려고 한다. 그들의 수법은 디지털(컴퓨터) 기술을 활용해서 상당히 진화하였지만, 그렇다고 해서 선거사기의 본질은 과거와 크게 다르지 않다.

후보별 득표수 조작

선거사기의 핵심이자 최종 목적지는 후보별 득표수를 조작하는 것이다. 더 구체적으로 말하자면 대한민국 공직선거의 가장 큰 문제점은 후보별 사전투표 득표수를 조작하는 것이다. 그렇다고 해서 후보별 당일투표 득표수 조작이 없다는 이야기는 아니다. 다만 사전투표 조작에 비해 당일투표 조작은 어렵고, 빈도도 낮고, 규모도 작다는 점이다.

우리는 후보별 득표수, 특히 '후보별 사전투표 득표수'를 특별히 주목해야 한다. 초등학교 반장선거든, 대한민국 공직선거든 투표는 투표 과정을 통해 당선자와 낙선자를 가리는 것이다. 모두가 당선자가 될 수는 없다. 이때 최종적으로 기준이 되는 것이 각각의 후보가 사전투표와 당일투표에서 몇 표를 얻었는가라는 후보별 총득표수다. 이것을 기준으로 후보들의 당락을 결정하게 된다.

후보별 득표수 조작, 이것이 모든 선거사기범의 최종 목표다. 요약해서 말하자면 후보별 득표수 조작 없이는 원하는 숫자만큼 당선자를 만들어낼 수 없다. 따라서 역사적으로 모든 선거사기범은 후보별 득표수를 조작하였다. 후보별 득표수는 뚜렷한 제약조건을 갖고 있다. 투표에 참가한 사람의 숫자를 넘어선 안 된다는 것이다. 특정 지역 투표자의 수가 100명이라고 하면 100명 안에서 후보별 득표수 조작이 이뤄져야 한다.

따라서 A후보가 얻은 득표수를 빼앗아서 B후보 쪽으로 이동시키지 않는다면 후보별 득표수 조작은 가능하지 않다. 2017 대선 이후 대한민국에선 아주 드문 경우를 제외하면 모든 선거에서 더불어민주당 후보가 표를 빼앗는 쪽이었다. 그리고 국민의힘(미래통합당, 자유한국당)이 표를 빼앗기는 쪽이었다.

그러니까 국민의힘 후보에게서 일정한 규모의 표를 빼앗은 다음에 이를 더불어민주당 후보에게로 더하기 위해 이동시키는 방법이 주로 사용되었다. 선거조작범들은 이렇게 후보별 득표수를 옮기더라도 발각되지 않을뿐더러 국민들이 감쪽같이 속을 것으로 믿었던 것처럼 보인다. 그러나 그들의 은밀한 의도는 원하는 만큼 성공하지 못하였다. 앞으로 살펴보는 바와 같이 사기범들의 사악한 행위가 낱낱이 드러나고 말았기 때문이다.

실물 위조투표지 투입과 전산조작

후보별 득표수 조작 방법은 크게 두 가지로 이뤄진다. 하나는 실물로 된 위조투표지를 제조해서 투표함에 직접 투입하는 방법이다. 후보별 득표수를 조작하는 가장 고전적인 방법이지만, 지금도 여전히 조작범들이 즐겨 사용하는 방법 가운데 하나다. 예를 들어 1960년 3·15 부정선거에서는 사전투표지 가운데 자유당 후보를 지지하는 투표지를 40% 만들어서 투표함에 미리 넣어두는 방법을 시도하였다. 일명 '4할(40%) 사전투표'이다.

다른 하나는 전산 프로그램을 이용해서 후보별 사전투표 득표수를 조작하는 것이다. 실물 위조투표지 투입보다도 극소수 인력만으로 감쪽같이 후보별 득표수를 조작할 수 있는 수법이다. 이 같은 선거조작법은 투표함 속의 실물 위조투표지 숫자와 별개로 이루어지는 경우가 많다. 따라서 이런 전산조작이 행해진다면 선관위가 발표하는 후보별 득표수와 투표함 속의 후보별 득표수가 다른 경우가 대부분일 것이다.

이처럼 선거사기는 두 가지 가운데 한 가지 혹은 두 가지 방법의 조합으로 이루어진다. 아날로그 조작과 디지털 조작이다. 간략하게 이야기하면 위조 (실물)투표지를 투표함에 투입하는 방법과 전산조작을 활용해서 후보별 득표수를 조작하는 방법이다.

문재인이 권력을 잡은 2016 대선부터 대한민국 공직선거는 두 가지의 조합으로 선거사기가 일어났다. 이른바 아날로그 조작과 디지털 조작의 결합이 선거사기 수법의 두 축을 형성해오고 있다. 이를 청소하기 위한 대대적인 국민적 각성과 저항이 없다면 앞으로 이 같은 일은 계속될 것으로 본다. 이는 곧바로 대한민국이 민주공화국이 아니라 선거조작공화국으로 자리 잡는 것을 뜻한다. 불행하게도 이미 대한민국은 선거에 관한 한 스스로의 노력으로 회복하기에 힘들 정도로 어려운 상태에 놓여 있다.

아날로그 조작

위조투표지를 투표함에 집어넣는 아날로그 조작의 증거는 헤아릴 수 없다. 2016 총선을 제외한 거의 모든 공직선거에서 위조투표지 투입으로 의심할 수 있는 증거들이 대량으로 발각되었다. 2017 대선, 2018 지방선거, 2020 총선, 2021 보궐선거(서울시장, 부산시장), 2022 대선 그리고 2022 지방선거에 이르기까지 엄청난 실물 위조투표지 투입이 있었음을 말해준다.

실물 위조투표지로 의심되는 증거물이 한두 장 발견되는 것만으로도 선거무효 사유에 해당할 정도로 심각한 일이다. 실물 위조투표지 증거물이 한 장 혹은 두 장 발견되는 것은 부정선거의 빙산의 일각일 뿐이다. 한두 장의 실물 위조투표지는 곧바로 엄청난 부정선거가 일어났음을 말해주고도 남음이 있다. 그런데 2017 대선부터 발견된 실물 위조투표지는 한두 장이 아니라는 점이 심각성을 더해주고 있다.

그동안 선거 공정성 문제를 위해 헌신해온 민경욱 전 의원, 박주현 변호사, 도태우 변호사, 윤용진 변호사, 미디어A, 바실리아TV 등을 방문하면 손쉽게 공직선거마다 반복적으로 발견되는 실물 위조투표지들을 확인할 수 있다. 이들 가운데서도 실물 위조투표지 투입을 체계적으로 정리해둔 분이 전직 기술직 공무원인 최중구 씨다(참고: 최중구, 선거사기 자료 모음집 / https://zangbu.cafe24.com/2022_06_01_election/evidence_of_illegal_election_of_2022_06_01.htm).

윤석열 정부 하에 첫 번째 치러진 공직선거가 6·1 지방선거다.

얼마나 신임 대통령을 우습게 봤던지, 이 선거에서도 문 정권 하의 다른 공직선거에서와 마찬가지로 실물 위조투표지 투입으로 의심되는 사례가 전국에서 발각되었다. 이는 선거조작범들의 중단 없는 선거사기가 앞으로도 계속될 것임을 만천하에 선언하는 것과 같다. 다음에 소개하는 것은 그 일부분이다.

공직선거법 제157조 2항은 "투표관리관은 선거일에 선거인에게 투표용지를 교부하는 때에는 사인 날인 후 선거인이 보는 앞에서 일련번호지를 떼어서 교부해야 한다"라고 규정하고 있다. 사인을 날인하는 것은 투표용지가 정품임을 법적으로 인정하는 행위다. 또한 일련번호지를 떼어서 별도의 봉투에 보관하는 것 역시 선거 결과에 이의가 제기될 때 상호 대조를 통해 위조투표지를 찾아내기 위

〈1-6〉 절취하지 않은 당일투표지(6·1 지방선거)

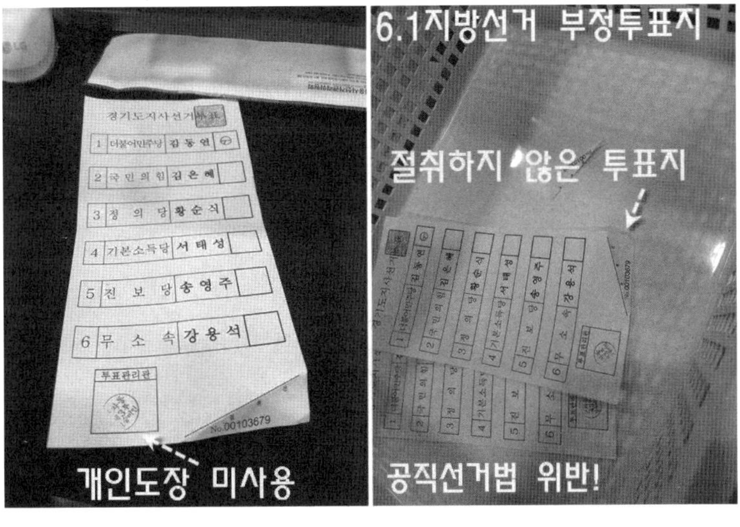

제공: 최중구

한 중요한 과정이다. 하지만 절취하지도 않고 투표함에 투입된 투표지들이 다수 발견되었다. 이처럼 법을 위반한 사례는 전국 곳곳에서 발각되었다.

사전투표용지는 사전투표소에서 롤 용지를 사용해서 프린터로 출력된다. 6·1 지방선거에서 발각된 일부 사전투표지는 롤 용지와 달리 측면이 매우 거칠었다. 측면이 거친 것은 롤 용지를 사용하는 프린터물에서는 나올 수 없다. 측면이 거친 것은 인쇄물의 전형적인 특징이다. 다시 말하면 인쇄소에서 절단기를 사용해 종이를 자를 때 나오는 대표적인 현상이 측면의 거침이다. 대부분 공직선거에서 위조된 사전투표지들은 인쇄소 출신이었다. 6·1 지방선거도 어김없이 인쇄소에서 대량으로 인쇄된 사전투표지의 투표함 투입을 의심케 하는 사례들이 많았다.

투표관리관의 사인을 날인하는 것은 아무리 강조해도 지나치지

〈1-7〉 측면이 거칠게 절단된 사전투표지(6·1 지방선거)

제공: 최중구

않다. 이 과정이 생략되어버리면 제3의 장소에서 원하는 것만큼 투표지를 인쇄해서 얼마든지 투표함에 투입할 수 있다.

경기도지사 투표지에서 경북 울진군 울진읍 투표관리관 도장이 찍힌 사건은 현재 한국의 공직선거가 어떤 상태에 있는가를 생생하게 증언하는 일이다. 투표관리관 도장의 이미지를 활용해서 얼마든지 위조 사전투표지를 투입하는 과정이 가능함을 생생하게 말해주

〈1-8〉 경북 울진군 울진읍 투표관리관 도장이 찍힌 경기도지사 사전투표지(6·1 지방선거)

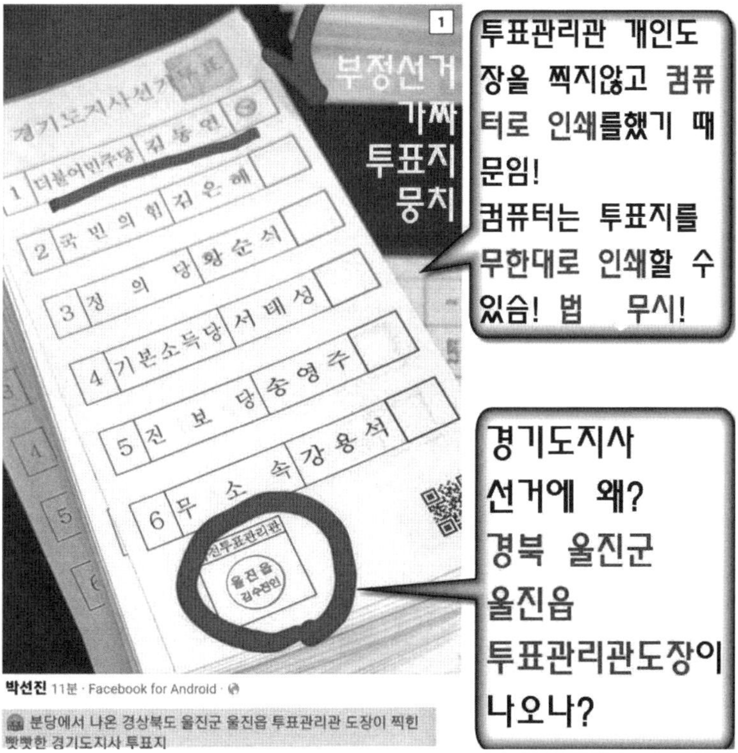

출처: 최중구 / 제공: 박선진

는 사례다.

더욱 놀라운 사실은 대법원 판례다. 중앙선관위는 홍보용 자료에서 "대법원은 공직선거법 제158조 제3항에 '사전투표관리관이 자신의 도장을 찍은 후 교부한다'고 규정하고 있는데, 그 취지가 사전투표관리관의 성명이 기재된 도장을 직접 찍을 것을 전제한다고 볼 수 없다고 판결(대법원 2019.9.26. 선고 2017수122판결 참조)하였고, 위원회는 규정대로 투명하게 절차를 진행하고 있으며 (사전)투표관리관 사인 위조가 아닙니다"라고 주장하고 있다.

이 같은 판례를 얻어낸 선관위의 행보는 대한민국에서는 더 이상 제3의 장소에서 투표관리관 도장의 이미지 파일을 인쇄 혹은 프린터해서 대량으로 위조 사전투표지를 만들어내는 일을 막기 힘든 상황이 되었음을 뜻한다.

3·9 대선과 4·15 총선의 위조투표지들

대선에서 발견된 기념비적인 위조투표지가 있다. 부산광역시 범천1동에서 발견된 절단선이 표시된 채 비스듬하게 잘린 사전투표지다.

놀라운 것은 절단을 표시하는 '절단선'이 상단에 표시되어 있다는 사실이다. 사전투표소에서 사용되는 롤 용지에는 어떤 절단선도 존재할 수 없다. 그럼에도 불구하고 사전투표지에 '절단선'이 표시되어 있는 것만으로도 인쇄소에서 대량으로 인쇄한 다음 절단을 위해 표시해놓은 것으로 볼 수 있다.

〈1-9〉 잘못 절단된 사전투표지(3·9 대선)

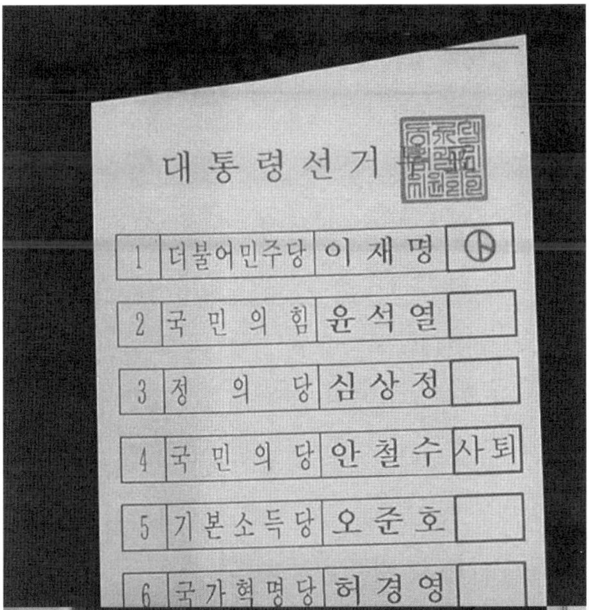

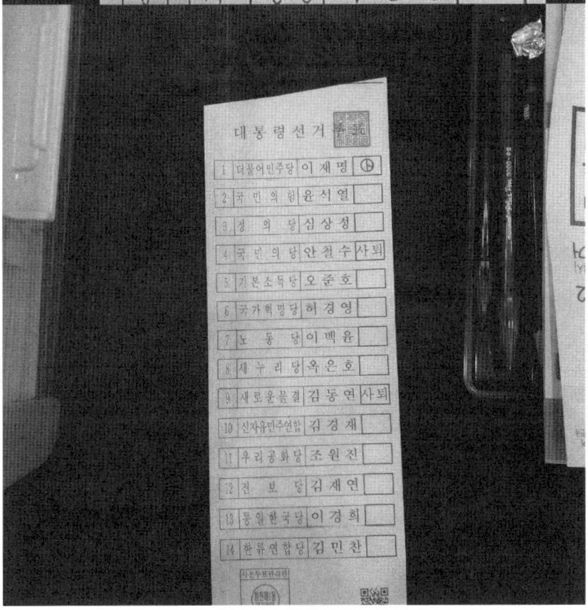

출처: 민경욱 페이스북 / 제공: 김정근

또 한 가지 우리가 주목하는 사전선거용 투표지는 엡손 TM-C3400 프린터로 출력되어야 한다는 점이다. 프린터기는 상하, 좌우에 약간의 여백을 확보한 상태에서 바르게 용지를 잘라낸다. 그 어떤 프린터기도 롤 용지를 비스듬하게 기울어진 사선 방향으로 절단하지는 않는다.

이것은 사전투표소에서 없었던 투표지라 할 수 있다. 즉 프린터로 출력되어 투표자에게 교부된 사전투표용지가 아니다. 사전투표용지가 인쇄소에서 대량으로 인쇄되어 기표를 한 다음에 사전투표지로 둔갑한 뒤 투표함에 투입되었음을 말해주고 있다. 인쇄소에서 나온 모든 사전투표지는 이유 여하를 막론하고 위조투표지다.

민경욱 전 의원은 사선으로 절단된 위조투표지에 대해 이런 설명을 더한다. “사선으로 절단된 투표지는 4·15 총선 재검표 과정에서 발견된 배춧잎 사전투표지만큼이나 확정적인 부정선거 증거입니다. 프린터에서 사선으로 커팅이 되지도 않을뿐더러 원본 이미지 파일에 선이 없으므로 진짜 표라면 우측 상단의 선은 절대 출력되지 않습니다.” 세상에 비스듬하게 롤 용지를 자르는 프린터기가 어디에 있겠나! 이런 위조 사전투표지조차 정상 투표지라고 항변하고 그것을 받아들이는 사회가 되어버렸다.

3·9 대선에서 발각된 위조투표지들은 너무나 다양해서 이를 모두 다 모으면 한 권의 책으로도 모자랄 것이다. 훗날 이를 정리하는 시간을 가질 계획을 갖고 있다. 3·9 대선의 위조투표지 문제는 범천1동의 사선으로 절단된 투표지 한 장으로 충분하다고 생각한다.

3·9 대선은 선거조작을 목표로 하는 자들에게는 절대로 양보할 수 없는 선거였다. 그 때문에 그들은 동원 가능한 모든 방법을 다

〈1-10〉 좌우 여백이 없는 사전투표지, 남양주을 재검표(4·15 총선)

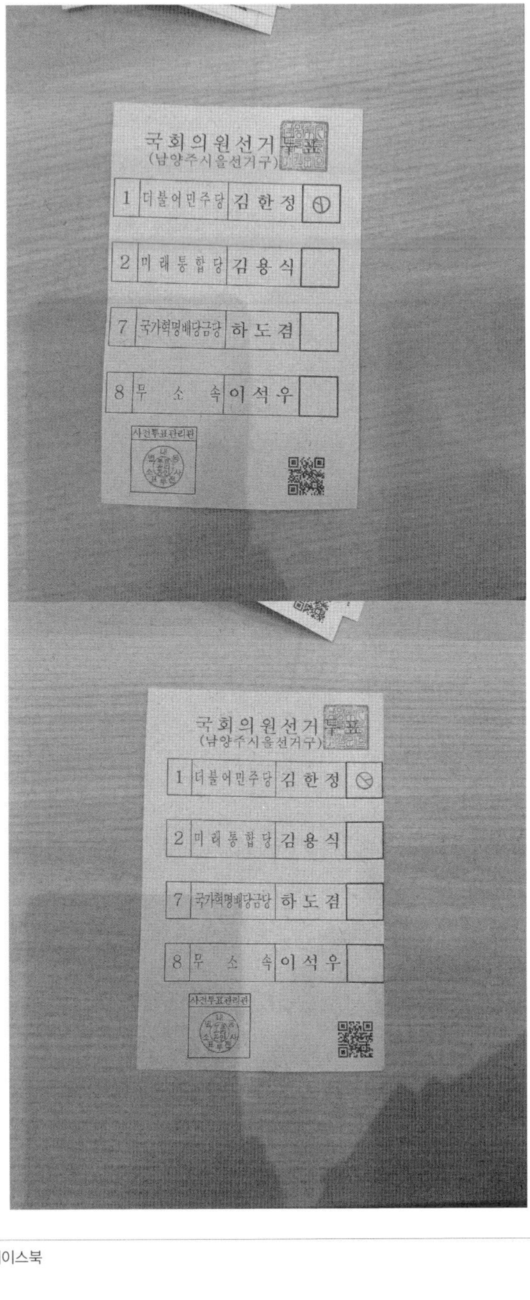

출처: 도태우 페이스북

동원하여 다양한 위조투표지를 투입하였을 것이다. 문재인 정권 하의 다른 공직선거와 마찬가지로 3·9 대선도 실물 위조투표지 투입과 전산조작이라는 두 가지 방법을 함께 사용한 부정선거였다.

똑같은 일이 2022년 6·1 지방선거와 2020년 4·15 총선에서도 일어났다. 예를 들어 4·15 총선 남양주을 재검표 현장에서는 100표의 관내사전투표지 한 묶음에서 38장의 이상한 투표지가 나왔다. 이들은 두 가지 종류였다. 하나는 좌측 여백이 없이 잘려나간 투표지, 다른 하나는 우측 여백이 없이 잘려나간 위조투표지였다. 명백한 위조 사전투표지들이다.

한편 별내동 관내사전투표지들 가운데 100장 한 묶음당 10장 내지 20장 정도의 좌우 여백이 제대로 확보되지 않은 관내사전투표지들이 부지기수였다. 만약 사전투표소에서 저런 이상한 투표지가 발급되었다면 당연히 투표자들이 항의를 하였을 것이다.

투표록에는 이의제기, 보정조치, 특이사항에 대해 어떤 기록도 남아 있지 않다. 법원의 투표함 증거보전명령에 따라 급하게 투표함 속의 투표지 숫자를 선관위가 이미 발표한 선거 결과에 맞추어서 제조한 위조투표지로 보는 것이 합리적인 추론이다.

3
사전투표 조작, 어떻게 발각했나

대한민국 선거사기의 중심에는 전산조작을 통한 후보별 득표수 조작이 자리 잡고 있다. 이와 동시에 전산조작에 의해 결정된 후보별 득표수를 뒷받침하기 위해 실물로 된 위조투표지, 즉 가짜 투표지를 투입하는 작업이 함께 추진되었다. 그러니까 선거사기의 주력부대는 전산조작, 보조부대는 위조투표지 투입이라고 본다. 물론 검찰 수사가 이루어지지 않는 한 누가 얼마나 많은 위조투표지를 투입했는지를 현재로서는 정확히 알기 힘들다.

요컨대 2017 대선부터 2022 지방선거까지 대한민국 공직선거는 전산조작을 주력으로 하고, 위조투표지 투입을 보조로 하는 내부의 적들에 의해 공격당해 왔다. 자유민주주의와 국민의 의사는 처절하게 유린되었다.

주력은 전산조작, 보조는 위조투표지 투입

4·15 총선에 대한 재검표 작업은 이 같은 합리적 추론에 힘을 더해준다. 재검표 장소에 등장한 투표함에는 투표자들이 던진 진짜 투표지가 들어 있을 가능성이 매우 낮다는 사실이다. 재검표 과정에서 이상한 투표지들이 대량으로 쏟아져 나온 것은 선관위가 발표한 최종적인 후보별 득표수와 개표가 끝난 다음 투표함 속 후보별 득표수가 일치할 가능성이 아주 낮다는 사실을 말해준다.

선거무효소송이 제기되자 선거조작범들은 법원의 투표함 증거보전명령에 따라 급하게 은밀한 작업을 추진한 것으로 보인다. 투표함을 법원에 제출하기 이전에 선관위 발표 후보별 득표수에 맞추어서 투표함 속에 들어 있는 투표지들을 모두 바꿔치기하는 작업(이른바 통갈이)이 있었던 것으로 보인다.

그렇지 않고서야 그렇게 많은 위조투표지들이 재검표장을 가득 메울 수는 없는 일이었다. 4·15 총선 재검표에 여러 번 참석한 권오용 변호사는 '재검표가 계속될수록 육안과 감각만으로도 이 사람들이 투표지들을 전부 갈아치웠구나'라는 생각이 들었다고 털어놓는다.

현실적으로 선관위 발표 후보별 득표수에 딱 맞아떨어지도록 개표 이전에 위조투표지를 투입하기는 힘들었을 것으로 보인다. 많은 인력을 동원해야 하고 비밀 유지가 힘들기 때문에 현실적으로 쉽지 않은 일이라고 본다. 개표소에 도착한 투표함에 들어 있는 투표지들 가운데 위조투표지들이 상당수 들어 있었을 것으로 보지만, 이 숫자가 선관위가 발표한 최종적인 후보별 득표수와 딱 맞아떨어지지는 않았을 것이다.

따라서 법원의 투표함 제출 요청이 있고 난 다음에 부랴부랴 사전투표지를 인쇄해서 투입하는 일들이 일어났다고 본다. 인쇄소에서 대량으로 만든 사전투표지를 투입한다면 이에 맞추어서 당일투표지도 갈지 않을 수 없었을 것이다. 사전투표지는 새로운 투표지로 갈아치우고, 당일투표지는 개표소에 있었던 투표지를 그대로 둔다면 재검표장에서 금세 눈에 띌 수밖에 없었을 것이다. 따라서 개표가 끝난 다음 투표함 전체를 통갈이하였다는 것이 설득력 있는 추론이다.

선관위 발표 득표수와 실제 득표수의 불일치

선거조작범들은 자신들이 세운 승리를 위한 선거 시나리오에 따라 정해진 후보별 득표수를 만들었다. 그들의 계획에 맞추어 일정한 양의 위조투표지들을 투입하였을 것이다. 다만 얼마나 투입하였는지는 알 수 없다. 분명한 것은 전산조작을 통해 만들어낸 후보별 득표수와 투표함 속에 들어 있는 투표지 숫자가 일치할 가능성은 아주 낮다고 본다.

예를 들어 4·15 총선 비례대표 관련 선거무효소송에서 대법관 민유숙은 별다른 이유를 밝히지 않고 재판 자체를 거부하였다. 선거가 끝나고 1년 3개월 만에 열린 2021년 9월 7일 재판에서 민유숙은 "이 자리에서 결정할 수 있는 것은 아무것도 없다. 언제까지 결정하겠다는 말도 할 수 없다"면서 일방적으로 재판 진행을 거부하였다. 세금으로 먹고사는 대법관이 국민이 재판을 받을 수 있는 권리를 걷어차 버린 황당한 일이 발생하였다.

원고 측 변호인단은 "180일 안에 재판을 해야 함에도, 아무런 이유 없이 15개월 이상 재판을 열지 않다가, 오늘 이렇게 얘기하는 것은 납득이 안 간다. 이유를 얘기해라"라고 주장했지만, 민유숙은 묵묵부답이었다.

"그렇다면 오늘 재판은 왜 열었나?"라는 원고 측 변호사의 질문에, 민유숙은 "그렇게 말씀하시는 것도 이해는 하지만, 그렇다 하더라도 오늘 이 자리에서 정할 것은 아무것도 없다"라면서 "기일을 정하지 않겠다. 더 하실 말씀 없으시면 재판을 마치겠다"라고 말하고는 퇴장해버렸다.

여기서 우리는 선거조작범과 대법관들이 대한민국에서 어떤 상생관계에 있는가를 짐작할 수 있다. 한쪽에서는 마구 선거조작을 저지르고, 다른 한쪽에서는 은폐하지 않고선 도저히 일어날 수 없는 일이다. "내가 아는 나라도 아니고, 나라가 나라가 아니다"라는 말이 절로 튀어나온다.

그럼에도 불구하고 그들의 입장을 전혀 이해하지 못하는 바는 아니다. 선거조작범들은 4·15 총선 당시의 비례대표 투표함은 도저히 깔 수가 없었을 것이다. 투표함 속의 투표지들을 모두 갈아치우는 일이 지역구 투표함에 비해 불가능하지는 않지만, 아주 어려운 일이기 때문이다. 아마도 비례대표 투표함을 여는 일이 일어났다면 세상이 뒤집혔을 것으로 본다.

그렇기 때문에 선거조작 세력들은 그런 일이 일어날 수 없도록 조치할 정도로 광범위하게 부정선거 네트워크를 형성하고 있다. 이

네트워크에 한국 사회의 많은 집단들과 개인들이 관련되어 있다. 비례대표 소송을 제기한 측에서 더 적극적으로 이 문제를 계속해서 다루었어야 했다. 하지만 그들 역시 무슨 사연이 있었는지 현재까지 별 소식이 들리지 않는다.

선거에서 득표수를 만들었다고

전산조작을 이용해서 선거부정을 저질렀다는 것은 무엇을 뜻하는 것일까? 간단하게 이야기하면 후보별 득표수를 만들었다는 말이다. 투표자들이 던진 표를 합산해서 국민들에게 발표한 것이 아니라, 자신들이 정한 선거 승리 시나리오에 따라 만들고 싶은 후보별 득표수를 만들어서 발표한 것이다. 그런 일이 어떻게 가능한가라고 묻고 싶은 분이 많을 것이다.

선거에서 전산조작이라 함은 선거사무를 담당하는 자들, 즉 선거조작범들이 후보별 득표수를 제조하는 것을 뜻한다. 선거는 투표에 참가한 사람들이 던진 표를 한 장 한 장 더해서 득표수의 합을 구한 다음, 이를 근거로 당선자와 낙선자를 결정하는 활동이다. 그런데 선거에서 전산조작이 일어났다는 말은 이 같은 선거에 대한 기본적인 일을 뒤집어버리는 일이다. 이것은 국가에 대한, 그리고 국민에 대한 반역이자 내란 행위에 해당한다.

선거조작범들이 일반적인 형사법과 달리 내란죄에 해당할 수밖에 없는 이유다. 필자가 오랜 시간과 에너지를 투입해서 이 문제를 파헤치지 않을 수 없는 이유다. 선거조작범의 실체를 파악하고, 이를 낱낱이 밝히는 일은 해도 그만, 하지 않아도 그만인 일이 아니다. 이것은 체제를 전복시키려는 내란범들로부터 나라를 구하는 일이다.

거듭 말하면 대한민국 공직선거의 전산조작은 선거조작범들이 후보별 득표수를 자신들이 세운 시나리오에 맞추어서 만들어내는 것이 핵심이다. 그렇게 하더라도 선관위에 약한 후보자들은 반발하지 못할 것이라 생각하였을 것이다. 또한 생업에 분주하고 선거에 관심이 없는 국민들이 그냥 넘어갈 것으로 믿어 의심치 않았을 것이다.

대만의 선거 방식은 다시 한번 우리에게 선거의 기본이 너무나 단순하다는 것을 말해준다. 중국 공산당의 선거 개입에 맞서서 대만인들은 투표함을 일절 옮기지 않는다. 사전투표는 없다. 우편투표도 없다. 컴퓨터, 투표지 분류기 등 일체의 전산장비를 사용하지 않는다. 개표는 수작업으로 한다. 한 장 한 장 세서 '바를 정(正)'자를 적으면서 총득표수를 합산한다. 이렇게 간단한 선거를 무진장 복잡하게 만든 자들이 바로 부정선거 세력들이다. 나라가 망하게 하려면 무슨 짓을 못 하겠는가! 선거가 무너지는 것은 체제가 무너지는 것을 뜻한다.

선거조작범들의 치명적 확신

선거조작범들은 부정선거의 증거물들이 될 법한 거의 모든 증거물을 없애버렸다. 특히 컴퓨터의 입출입과 관련된 증거물들은 더더욱 철저하게 제거한 것으로 보인다. 그들은 모두 만세를 불렀을 것이다. 그리고 속으로 선거 공정성을 되찾기 위해 노력하는 사람들을 향해 이렇게 조롱하였을 것이다.

"너희들이 그래봐야 이제 아무것도 남아 있지 않아. 너희들은 헛수고를 하는 거야. 대법원에 가봐야 대법관 나리들이 다 우리 편인 것을 너희들도 알잖아. 이제 그만들 해. 너희들은 우리를 이길 수 없어. 국회의원들 입 다무는 것 봤잖아. 그들도 다 우리 편이야. 도대체 너희들 편은 누가 있어. 신임 대통령까지 나서서 두 차례 선거에서 모두 사전투표 독려하는 것 봤잖아. 너희들은 이길 수 없어. 머저리 같은 친구들 같으니라고. 왜 과실이 나올 수 없는 일에 그렇게 시간과 노력을 허비해. 나 같으면 부정선거 밝히겠다고 그렇게 노력하지 않아. 정신들 차리라고."

선거사무를 담당하는 자들 가운데 선거조작에 직접 간여하였거나 혹은 그 실상을 잘 아는 자들이 가질 법한 생각은 위와 같을 것이다. 그들은 선거 공정성을 규명하기 위한 사람들의 목소리가 높아지더라도 조금도 걱정하지 않았을 것이다. "우리는 다 인멸하였다"라고 소리 높여 외쳤을 것이다. 부정선거 증거물은 더 이상 이 세상에 남아 있지 않다고 그들은 확신하였을 것이다.

그러나 세상일이라는 것이 그렇게 만만치 않다. 그들은 치명적 실수를 범하고 말았다. 선거조작범들은 숫자가 가진 핵폭탄급 위력을 놓쳤음에 틀림이 없다. 내가 보기엔 그들이 그럴 수밖에 없는 이유가 있다.

선거를 조작하는 데 간여된 사람들은 실용적인 이득에 밝지만 대부분이 근본적인 원리나 문제에 대해서는 이해도가 낮을 것이다.

가방끈이 길고, 숫자에 깊은 조예를 가지고, 근본 문제를 생각하는데 익숙한 사람들이라면 선거조작 같은 어마어마한 범죄를 저지르고 나면 어떤 증거물이 뚜렷하게 남게 되는가를 잘 안다. 그러나 그들은 달랐다. 그냥 선거조작을 하고 나서 최종 후보별 득표수를 발표하고, "당신이 당선자다"라고 발표하면 그만일 것으로 믿었을 것이다.

그들은 선거조작의 편리함과 선거조작의 이익에만 주목하였을 뿐이다. 그들은 자신들이 저지르는 범죄행위가 어떻게 범죄 증거물을 남기는지를 몰랐을 것이다. 만약 그런 사실을 알았더라면 대한민국 공직선거에서 발견할 수 있는 그런 전산조작을 행하지 않았을 것이다. 사람은 대단히 자기중심적인 존재다. 그들은 자신들의 선거조작 경험과 지식을 과신하였을 것이다. 지금껏 그래왔듯이 선거조작을 하고 선거가 끝나고 나면 그만일 것으로 그들은 생각하였음에 틀림이 없다.

그러나 지금 우리가 목격하게 될 일은 너무나 인상적이고 한 걸음 더 나아가 충격적이다. 마치 살인을 저지른 다음 살인범이 자신의 지문이 뚜렷이 남은 살인도구를 남기고 떠난 일이 생기고 말았다. 세상에 그런 바보천치가 어디에 있는가! 완전범죄를 꿈꾸는 살인범이 지문이 뚜렷이 남은 살인도구를 놔둔 채 떠나는 법이 도대체 어디에 있는가!

바로 그런 일이 2017 대선부터 시작해서 2022 지방선거에 이르기까지 모든 공직선거에서 일어나고 말았다. 선거사기범들은 살인범이 남긴 단순한 지문 정도가 아니라 아예 선거조작 전모를 생생하게 확인할 수 있는 어마어마한 부정선거 증거물을 남겼다. 그것도 은밀히 남긴 것이 아니라 세상 사람들이 모두 다 알 정도로 노출시키고 말았다. 나와 재야 전문가가 힘차게 그들의 사악함에 맞서 싸울 수 있는 힘과 뒷심은 바로 결정적이고 최종적인 증거물을 확보했기 때문이다.

바보천치는 나와 재야 전문가 같은 사람이 아니라 선거사무를 담당한 자들 가운데서 선거조작에 직접 간여하고 전무를 잘 아는 자들이다. 멍텅구리들은 그들이 만든 숫자에 범죄 행각이 뚜렷이 남게 된다는 무서운 사실을 간과하고 선거조작 시나리오를 세웠던 기획자들과 핵심 주동자들일 것이다.

출발점, 선거 데이터 조작

중앙선거관리위원회는 선거가 끝나고 나면 당선자와 낙선자를 구분하는 기준이 되는 선거 데이터를 발표한다. 이 자료는 중앙선관위 홈페이지에 실리게 되는데, 그야말로 최종적인 자료이다. 여기서 최종적이라 함은 더 이상 변경할 수 없고, 해서는 안 되는 자료라는 이야기다. 이 책에서 분석 대상이 되는 자료는 모두 중앙선관위가 공식적으로 발표한 후보별 득표수다.

〈1-11〉은 3·9 대선 종로구 후보별 득표수다. 2022년 3월 9일에 실시된 대통령 선거에서 종로구의 후보가 얻은 득표수가 정리된 선거 데이터다. 이 자료는 최종적이고 변경 불가능한 자료이며, 이 자료를 바탕으로 종로구의 선거 결과가 결정되었다.

세로에는 거소선상투표, 관외사전투표, 재외투표, 재외투표(공관),

〈1-11〉 후보별 득표수(종로구), 선관위(3·9 대선)

읍면동명	투표구명	선거인수	투표수	후보자별 득표수													무효투표	기권수
				더불어민주당	국민의 힘	정의당	기본소득당	국가혁명당	노동당	새누리당	자유민주당	우리공화당	진보당	통일한국당	한류연합당	계		
				이재명	윤석열	심상정	오준호	허경영	이백윤	옥은호	김경재	조원진	김재연	이경희	김민찬			
합계		129,968	100,629	46,130	49,172	3,115	53	558	42	9	50	82	105	20	30	99,366	1,263	29,339
거소·선상투표		217	200	82	85	4	1	3	0	0	0	0	2	0	0	177	23	17
관외사전투표		13,132	13,092	6,416	5,972	434	4	99	4	1	5	0	22	2	4	12,970	122	40
[illegible]		[illegible]	[illegible]	[illegible]	[illegible]	[illegible]	[illegible]	[illegible]	[illegible]	[illegible]	[illegible]	[illegible]	[illegible]	[illegible]	[illegible]	[illegible]	[illegible]	[illegible]
[illegible]투표(공관)		0	188	83	79	6	0	0	0	0	0	0	0	0	0	168	20	-188
청운효자동	소계	8,706	6,640	3,150	3,137	237	3	26	2	0	3	7	4	1	2	6,572	68	2,066
	관내사전투표	3,102	3,098	1,758	1,221	65	2	8	1	0	0	4	1	1	1	3,078	20	4
	선거일 투표	5,604	3,542	1392	1916	156	1	18	1	0	3	3	3	0	1	3,494	48	2062
사직동	소계	7,651	5,850	2,260	3,282	212	3	22	0	1	2	4	4	0	0	5,790	60	1,801
	관내사전투표	2,737	2,732	1,380	1,259	83	1	4	0	0	1	0	1	0	0	2,700	23	5
	선거일 투표	4,914	3,118	900	2,023	129	2	18	0	1	1	4	3	0	0	3,081	37	1,796
삼청동	소계	1,935	1,443	591	767	51	0	10	0	0	3	3	0	0	0	1,425	18	492
	관내사전투표	717	716	378	299	25	0	5	0	0	0	1	0	0	0	708	10	1
	선거일 투표	1,218	727	215	468	26	0	5	0	0	3	2	0	0	0	719	8	491
부암동	소계	7,205	5,485	2,496	2,731	154	0	26	4	0	4	0	4	1	2	5,422	63	1,720
	관내사전투표	2,380	2,380	1,283	1,002	57	0	5	4	0	0	0	0	0	1	2,351	9	0
	선거일 투표	4,845	3125	1213	1729	97	0	21	1	0	4	0	4	1	1	3071	54	1720
평창동	소계	13,796	10,534	3,866	6,248	266	5	35	7	1	6	8	11	0	2	10,455	79	3,262
	관내사전투표	4,411	4,411	2,011	2,253	104	2	5	0	1	2	2	4	0	1	4,388	23	0
	선거일 투표	9,385	6123	1855	3995	162	3	30	4	0	4	6	7	0	1	6067	56	3262
무악동	소계	6,143	4,978	2,162	2,586	155	3	17	0	1	0	2	3	2	2	4,933	45	1,165
	관내사전투표	2,572	2,570	[illegible]	[illegible]	[illegible]	[illegible]	[illegible]	[illegible]	[illegible]	[illegible]	[illegible]	[illegible]	[illegible]	[illegible]	[illegible]	[illegible]	[illegible]
	선거일 투표	3,571	2,408	856	1408	92	1	13	0	1	0	2	2	2	1	2,378	30	1163
교남동	소계	7,795	6,215	2,621	3,276	193	3	28	1	0	2	9	11	2	1	6,147	68	1,580
	관내사전투표	2,876	2,875	1,415	1,335	85	2	5	1	0	0	2	7	1	0	2,853	22	1
	선거일 투표	4,919	3,340	1206	1,941	108	1	23	0	0	2	7	4	1	1	3,294	46	1579
가회동	소계	3,454	2,650	1,252	1,243	104	2	10	1	0	2	2	4	1	2	2,623	27	804
	관내사전투표	1,456	1,454	793	586	55	0	3	0	0	0	0	4	0	1	1,442	12	2
	선거일 투표	1,998	1,196	459	657	49	2	7	1	0	2	2	0	1	1	1,181	15	802
종로1·2·3·4가동	소계	5,741	3,527	1,468	1,911	81	2	17	0	1	1	2	4	3	0	3,490	37	2,214
	관내사전투표	1,540	1,540	754	743	28	0	5	0	0	0	0	1	0	0	1,528	12	0
	선거일 투표	4,201	1,987	715	1168	53	2	14	0	1	1	2	3	3	0	1,962	25	2,214
종로5·6가동	소계	4,130	2,906	1,305	1,460	76	0	23	0	0	1	2	0	0	2	2,869	37	1,224
	관내사전투표	1,327	1,325	668	600	30	0	6	0	0	1	1	0	0	0	1,314	11	2
	선거일 투표	2,803	1581	637	852	46	0	17	0	0	0	1	0	0	2	1555	26	1222
이화동	소계	6,154	4,703	2,279	2,141	174	2	23	1	1	4	5	8	1	1	4,640	63	1,451
	관내사전투표	2,450	2,430	1,347	975	74	1	5	0	0	0	2	5	0	1	2,410	20	0
	선거일 투표	3,724	2,273	932	1166	100	1	18	1	1	4	3	3	1	0	2,230	43	1451
혜화동	소계	12,828	9,743	4,400	4,752	364	15	47	12	0	5	9	6	1	5	9,616	127	3,085
	관내사전투표	4,538	4,532	2,357	1,962	152	6	11	7	0	0	1	3	0	3	4,502	30	6
	선거일 투표	8,290	5211	2043	2790	212	9	36	5	0	5	8	3	1	2	5114	97	3079
창신제1동	소계	5,152	3,907	2,134	1,580	90	0	37	2	1	1	6	4	2	2	3,859	48	1,245
	관내사전투표	2,369	2,368	1,421	844	59	0	19	2	1	0	0	3	1	1	2,342	26	1
	선거일 투표	2,783	1,539	713	736	40	0	18	0	0	1	6	1	1	1	1,517	22	1244
창신제2동	소계	6,071	4,089	2,262	1,633	78	2	35	3	0	4	7	3	1	3	4,031	58	1,982
	관내사전투표	1,320	1,313	839	426	24	2	7	1	0	1	1	0	0	0	1,301	12	7
	선거일 투표	4,751	2776	1423	1207	54	0	28	2	0	3	6	3	1	3	2730	46	1975
창신제3동	소계	5,236	4,067	2,036	1,848	109	1	16	1	0	4	3	3	0	0	4,021	46	1,169
	관내사전투표	1,983	1,982	1,131	786	46	0	3	1	0	1	0	0	0	0	1,968	14	1
	선거일 투표	3,253	2,085	905	1062	63	1	13	0	0	3	3	3	0	0	2,053	32	1168
숭인제1동	소계	4,575	3,286	1,641	1,489	84	1	26	1	1	2	1	1	1	0	3,248	38	1,289
	관내사전투표	1,523	1,522	867	600	31	1	7	1	0	1	0	0	1	0	1,509	13	1
	선거일 투표	3,052	1764	774	889	53	0	19	0	1	1	1	1	0	0	1739	25	1288
숭인제2동	소계	7,970	5,605	2,866	2,394	185	0	49	3	1	1	9	10	2	2	5,522	83	2,365
	관내사전투표	2,433	2,431	1,397	921	63	0	15	2	0	1	1	3	0	0	2,403	28	2
	선거일 투표	5,537	3174	1469	1473	122	0	34	1	1	0	8	7	2	2	3119	55	2363
잘못 투입·구분된	투표지	0	41	21	17	2	0	0	0	0	0	0	0	0	0	40	1	-41

출처: 중앙선관위

청운효자동 관내사전투표·선거일투표(당일투표), 사직동 관내사전투표·선거일투표 등의 순서로 정리되어 있다. 가로에는 투표구명, 선거인수, 투표수, 이재명 후보, 윤석열 후보, 심상정 후보 등으로 후보자별 득표수가 정리되어 있다.

헌법기관인 선관위라는 공적기관이 발표한 자료이기 때문에 대부분 사람들은 이 자료의 신뢰성에 어떤 문제가 있다고 생각하지 않을 것이다. 육안만으로 이 자료의 문제점을 찾아낼 수 있는 사람은 없다. 그리고 어느 누가 돈이 되는 일도 아닌데 이런 자료를 다운

로드 받아서 문제가 있는지 없는지를 분석하겠는가!

4·15 총선 이전까지 나도 그랬다. '선거사무를 담당하는 공직자들이 어련히 알아서 잘하겠나'라고 생각하였다. 한마디로 중앙선관위가 발표한 선거 데이터는 정상적인, 그러니까 겉으로 보기에는 멀쩡한 숫자들이다.

지금 나는 폭탄선언을 한다. "이 자료는 조작된 숫자, 즉 만들어진 숫자다." 달리 이야기하면 이 자료는 선거사무를 담당하는 자들이 투표자들이 던진 표를 합산해서 발표한 것이 아니다. 전산 프로그램을 이용해서 만들어낸(제조한) 숫자라는 것이다.

이것은 정말 엄청난 사건이다. 선거사무를 담당하는 국가의 공적기관이 내놓은 후보별 득표수가 조작되었다는 것은 그냥 넘길 수 없는 대사건이다. 구체적으로 말하면 동별 선거일투표(당일투표)를 제외한 모든 후보별 득표수가 인위적으로 만들어진 숫자들이다.

대한민국 공직선거의 공정성을 되찾기 위한 노력은 바로 여기서부터 시작된다. 실물 위조투표지 투입이 병행되었지만, 이것에 비할 바 없는 충격적인 사건은 후보별 득표수를 선거업무를 담당하는 자들이 만들어서 내놓았다는 사실이다. 선거사기범을 밝히는 대장정의 출발점은 선거 데이터 조작이자 후보별 득표수 조작이다.

문제는 3·9 대선뿐만 아니라 2017 대선부터 시작해서 2022 지방선거에 이르기까지 당일투표 후보별 득표수를 제외한 모든 후보별 사전투표 득표수와 총득표수(사전+당일 득표수)가 조작되었다는 것이다. 특히 사전투표에 대한 조작은 극심하였다. 예외 없이 전국에서 데이터 조작이 있었다.

4·15 총선의 경우에만 예외적이다. 전남, 전북, 광주광역시의 일

부 지역에서 조작이 없었을 뿐이다. 이들 지역 이외에 2017 대선부터 2022 지방선거까지 선거마다 중앙선관위가 발표하는 후보별 득표수 가운데서 사전투표는 무자비하게 조작된 숫자들로 채워졌다.

쉽게 이야기하면 중앙선관위가 발표한 거의 대부분의 후보별 사전득표수(혹은 총득표수)가 조작되었다는 사실이다. 그들이 알았든 몰랐든 중앙선관위가 조작된 후보별 득표수를 발표해왔다. 특단의 조치가 취해지지 않으면 앞으로도 계속해서 선거조작범들이 만든 숫자를 국민의 이름으로 발표할 것이다. 도둑질 가운데서도 극악한 도둑질이 체계적이고, 조직적이고, 반복적으로 계속되고 있는 것이 대한민국 공직선거의 실상이다.

선거 데이터 조작, 쉽게 아는 법

선입견을 갖고 있지 않은 사람들은 쉽게 공직선거의 선거조작 실상을 인지할 수 있다. 조금도 어려운 일이 아니기 때문이다. 사적 이익에 눈이 가려진 사람이 아니면 공직선거의 대규모 사전투표 조작을 쉽게 이해할 수 있다.

4·15 총선이 끝나고 3년을 향해 가는 시점에서 현직 대통령, 법무부장관, 검찰총장, 국회의원들, 언론인들이 모두 침묵하는 것은 모르기 때문이라고 생각하지 않는다. 그들은 알고 있지만, 저마다의 이익과 특별한 사정이 있기 때문에 침묵하고 있다고 본다. 부정선거를 변별하는 일이 너무 간단한 일이기 때문이다.

통계학의 대들보와 같은 것이 '대수(大數)의 법칙(Law of Large

Numbers)'이다. 표본의 수가 크면 클수록 모집단과 표본집단의 통계적 특성은 같거나 비슷하다. 오차범위(0~3%) 내에 머물러야 함을 뜻한다. 그렇기 때문에 대통령 국정지지도 등의 여론조사에는 기껏해야 1,000명 내외의 표본수를 갖고 사회 전체의 여론조사를 행하고 있다. 1,000명 정도의 표본수만으로도 모집단의 특성을 파악할 수 있다는 말이다.

선거의 경우 표본수가 수천, 수만, 수십만, 때로는 수백만에 이르기 때문에 모집단과 표본집단의 통계적 특성은 거의 같을 수밖에 없다.

대수의 법칙은 그대로 사전투표와 당일투표에 적용된다. 예를 들어 서울특별시의 투표자라는 모집단으로부터 4박5일 차이를 두고 벌어지는 사전투표와 당일투표의 경우 사전투표라는 표본집단1과 당일투표라는 표본집단2로 나눌 수 있다. 특정 후보에 대한 지지도(득표율)는 사전투표로 구성되는 표본집단과 당일투표로 구성되는 표본집단1과 표본집단2에서 거의 비슷해야 한다.

요약해서 말하자면 특정 후보에 대한 지지도(득표율)는 당일투표와 사전투표에서 같거나 비슷해야 한다. 오차범위를 크게 벗어나는 현상이 발생하면 외부의 개입, 구체적으로 사전투표 조작을 의심하게 된다. 특정 후보의 사전투표 득표율이 당일투표 득표율과 크게 다르다면 사전투표 조작을 의심해봐야 한다. 사전투표 조작이 일어났을 가능성이 아주 높다.

선거 법의학

숫자는 누군가의 사정을 봐주지 않는다. 그만큼 엄정하다는 이야기다. 더욱이 숫자를 다루는 통계학은 과학 중의 과학이다. 통계학의 기둥 같은 대수의 법칙이 무너지게 되면 현대 사회과학이나 자연과학이 존립할 수 없다. 이런 점에서 보면 한국의 정치인과 언론인, 그리고 지식인들의 침묵은 정말 비과학적이고 비이성적인 태도에 해당한다.

2022년 5월, 《월간조선》은 자연과학에 조예가 깊은 원로 소설가 복거일 선생의 인터뷰를 실었다. 복거일 선생은 공직선거 선거조작 문제에 대한 질문에 이렇게 답한다.

> 장원재(배나TV 대표): 선생님은 '부정선거가 있었다'고 단언했습니다. 이 확신의 근거는 무엇인가요?
>
> 복거일: 일반적으로 대규모 선거부정이 있었다는 주장이 성립하려면 두 가지 요건이 필요해요. 하나는 선거부정이 있었다는 통계적 근거입니다. 다른 하나는 실제로 선거부정이 있었다는 물증이죠.
>
> 통계적 근거는 선거 법의학(election forensics)이라 불리는 학문이 제공합니다. 통계학에 바탕을 두고서 선거 결과에서 비정상적인 부분들을 찾아내는 겁니다. 그렇게 선거 법의학이 선거부정이 있었음을 가리키면, 그다음 단계는 물증을 찾는 일이죠. 지난 총선과 이번 대선에선 이 두 조건이 충족되었어요. 선거 결과가 너무 이상해서, 통계학 기법들을 쓸 것도 없이 간단한 산수만으로도

조작이 있었다는 것이 드러납니다.

장원재: '선거 법의학 이론'에 대해 더 자세히 듣고 싶습니다.

복거일: 총선과 대선에서 문제가 된 것은 사전투표입니다. 이론적으로 선거 결과는 사전투표와 당일투표에서 크게 다를 수가 없어요. 실제로는 총선과 대선에서 사전투표와 당일투표의 결과가 크게 달랐죠. 이것이 선거부정 주장의 이론적 핵심입니다.

개체의 행태는 무작위적(無作爲的)이라 예측이 불가능합니다. 그러나 개체들이 많이 모여 집단을 이루면 무작위적으로 움직이는 개체들이 결정론적 행태를 보입니다. 그래서 정확한 예측이 가능하죠.

예컨대 기체의 분자들은 무작위적으로 움직여서 예측이 불가능합니다. 그러나 밀폐된 용기 안의 기체처럼 집단이 커지면 정확히 예측할 수 있습니다. 기체의 주요 특질인 온도, 압력 및 부피 가운데 둘이 정해지면 나머지 하나는 필연적으로 결정되거든요. 이것이 중학교에서 가르치는 '가스 법칙'입니다.

무작위적으로 움직이는 개체들이 집단을 이루면 결정론적 행태를 보이는 현상은 보편적이에요. 그래서 '대수의 법칙'은 물리학의 근본적 이론이 되었습니다.

19세기에 사회현상들도 대수의 법칙으로 설명하려는 시도가 나왔어요. 이 시도가 성공하면서 사회물리학이 자라났죠. 이제 사회물리학은 사회현상들을 설명하고 정책들을 수립하는 이론적 근거가 되었습니다.

선거에 개입하면 반드시 흔적 남아

선거조작범들은 행동대원 같은 성격을 가진 것으로 보인다. 그들은 숫자에 손을 댔을 경우에 그 흔적이 영원히 남게 된다는 숫자의 특성을 간과했던 것으로 보인다. 숫자에 남겨진 흔적이 얼마나 질기고 강하고 위력적인가를 그들이 알았더라면 감히 공직선거에서 이처럼 무자비하게 조작을 감행하였을까 하는 생각에 고개를 절레절레 흔들게 된다.

2022년 5월, 《월간조선》 인터뷰에서는 선거 데이터에 개입해서 인위적으로 손을 댔을 경우 선거 데이터에 어떤 일이 발생하는가에 대해 복거일 선생은 정확하게 지적하고 있다.

복거일: 2020년 4·15 총선에선, 한 선거구에서 사전투표와 당일투표의 분포가 크게 달랐습니다. 사전투표에선 A당 후보가 크게 이겼는데, 당일투표에선 B당 후보가 상당히 많이 이겼다는 식입니다. 이런 현상이 거의 모든 선거구에서 나왔어요. 선거구는 상당히 크면서도 동질적인 집단인데, 이런 현상이 나왔다는 것이 의혹의 단초입니다.

3·9 대선에선 사전투표 결과가 먼저 개표되어 계수에 반영되었습니다. 오후 9시에 이재명 후보는 67%를 얻었고 윤석열 후보는 31%를 득표했습니다. 그러나 9시 30분엔 53% 대 45%로 격차가 좁혀졌어요. 대선이나 총선이나 사전투표에서만 집권당 후보가 압도적으로 이겼다는 얘기입니다.

사회물리학은 이처럼 거대한 집단의 한 부분이 나머지 부분과 크게 다른 행태를 보이는 것은 '있을 수 없는 현상'이라고 말합니다. 대수의 법칙을 어긴다는 얘기입니다.

아울러 사전투표의 분포는 집단적 행태의 자연스러움이 아닌 '작위적(作爲的) 규칙성'을 보였습니다. 이미 여러 통계학자가 그런 작위적 규칙성의 사례들을 밝혀냈습니다. 사람은 직관적으로 무작위 숫자들(random numbers)을 생성할 수가 없어요. 그래서 투표 결과에 손을 대면 그 흔적이 남습니다.

복거일 선생의 지적 가운데 마지막 대목은 선거조작범들에겐 주홍글씨와 같은 게 될 것이다. 선거조작범들이 대법원에 손을 쓰고, 현직 대통령이나 국회의원들의 입에 재갈을 물리는 데 성공하더라도 주홍글씨까지 제거하는 데는 역부족일 것이다.

"투표 결과에 손을 대면 그 흔적이 남습니다"라는 복거일 선생의 말은 강한 울림이 있는 지적이다. 투표자들이 던진 표는 무작위수이기 때문에 숫자 사이에 어떤 규칙이나 패턴을 찾아낼 수 없다.

이 점에 대해 복거일 선생은 "사람은 직관적으로 무작위 숫자들을 생성할 수가 없습니다"라고 분명히 지적한다. 투표자로 구성되는 일련의 사람들이 던진 표는 무작위 숫자들의 조합이다. 그런데 무작위 숫자들의 조합에서는 어떤 작위적인 규칙성을 찾아낼 수 없다. 달리 말하자면 만들어진 규칙성을 찾아낼 수 없다는 말이다.

그러나 놀랍게도 선관위가 발표한 후보별 사전투표 득표수에는 '작위적인 규칙성'을 무더기로 찾아낼 수 있었다. 거의 전부가 만들어진 숫자이기 때문에 일정한 규칙과 패턴이 발견되었다.

왜냐하면 선거조작범들이 사전투표 득표수를 조직적이고 체계적으로 제작했기 때문이다. 선거사무를 담당한 자들은 투표자들이 던진 표를 단순히 합산한 것이 아니다. 그들은 투표자를 대신해서 인위적으로 투표수를 만들어내는 권리를 갖고 있지 않다. 선거사무를 담당한 자의 치명적 월권과 불법이 대한민국 공직선거의 민낯이다.

직관적인 선거사기 판별법

후보별 사전투표를 전산적으로 조작한 방법은 쉽게 찾아낼 수 있다. 특별한 지식이 없더라도 과학이 알려주는 가르침에 따라 "이 사람들이 사전투표를 조작했구나"라는 사실을 쉽게 찾아낼 수 있다. 선입견과 사익을 내려놓은 마음이 가난하거나 정상적인 사람이면 누구든지 선거사기를 변별할 수 있다.

2020년 4·15 총선에서 가장 심하게 사전투표를 조작한 지역구 가운데 하나가 서울 종로구다. 민주당의 이낙연 후보와 통합당의 황교안 후보가 맞붙었던 곳이다. 차기 대선을 노리는 이낙연 후보는 민주당 측에서는 반드시 당선시켜야 할 인물이고, 압도적 표차로 당선시켜야 할 인물이었다.

〈1-12〉는 종로구에 출마한 각 후보가 동별로 받은 차이값(관내사전-당일투표 득표율)이다. 종로구의 투표자수는 사전투표 4만 6,630명, 당일투표 4만 8,609명이다. 통계학 표본의 크기 관점에서 보면 어마어마하게 큰 표본수다. 통계학이 말하는 대수의 법칙은 이렇게 말한다. "표본수가 큰 경우, 각 후보의 사전투표 득표율과 당일

〈1-12〉 4·15 총선 종로구 차이값(관내사전-당일)

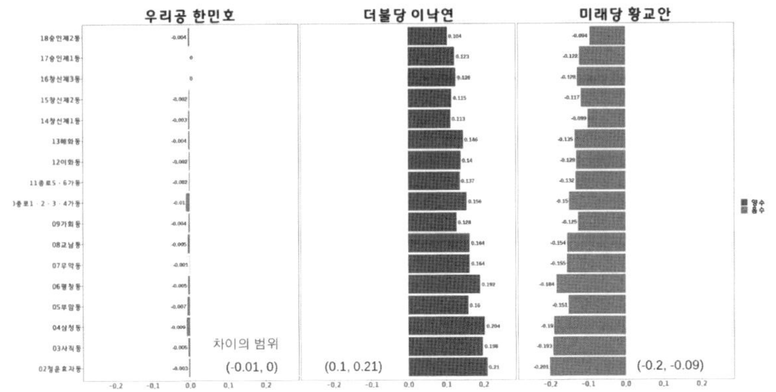

투표 득표율은 비슷해야 한다."

선관위가 발표한 종로구 선거 결과는 과학을 완전히 깔아뭉개 버린 결과이다. 이낙연 후보는 모든 동에서 사전투표에서 압승을 거두었다. 차이값은 무려 +10~+21%나 된다. 표본오차(0~3%)를 넘어서는 정도가 아니라 지나치게 큰 숫자다. 이는 관내사전투표에 많은 표를 더해주지 않고선 일어날 수 없는 현상이다.

황교안 후보는 17개 동에서 사전투표에서 대패하고 말았다. 차이값은 -9%에서 -20%를 기록하고 있다. 관내사전투표에서 많은 표를 빼앗겼음을 뜻한다.

이것은 정상적인 투표에서 일어날 수 없다. 전산조작을 통해 황교안 후보에게서 관내사전투표 참가자수의 최소 9%에서 최대 20%에 해당하는 표를 빼앗아서 이낙연 후보에게 넘겨주었음을 알 수 있다.

반면 이낙연 후보는 관내사전투표 투표자수의 최소 10%에서 최대 21%만큼의 관내사전투표 득표수가 더해졌음을 뜻한다. 표가 하늘에서 떨어질 수는 없다. 이는 황교안 후보에게서 빼앗은 표를 이낙연 후보에게 더해주었음을 뜻한다. 결과적으로 관내사전투표 투표자수 가운데 대략적으로 20%에서 42%의 표가 조작되었음을 우리에게 말해준다. 이 가운데 절반은 황교안에게서 빼앗고 절반은 이낙연에게 더해주었음을 알 수 있다.

이 같은 전산조작은 4·15 총선 당시 종로구에서만 진행되는 일이 아니다. 2017 대선부터 2022 지방선거까지 전국 대부분 지역에서 발생한 일이다.

숫자 조작, 숨길 수 없다

숫자는 감정이 없다. 숫자에겐 이익이 없다. 숫자에겐 상대방 안면을 봐주는 것도 없다. 숫자는 그냥 숫자일 뿐이다. 숫자는 거짓말을 할 수가 없다. 그냥 있는 그대로를 드러낼 뿐이다. 4·15 총선 당시 무자비한 전산조작이 행해졌던 서울 종로구 상황은 조금 다른 각도에서 살펴볼 필요가 있다. 다음은 4·15 총선에서 일어났던 숫자 조작의 또 다른 모습을 생생하게 증언하고 있다.

〈1-13〉의 투표동수와 투표구수를 살펴보자. 종로구에는 모두 17개의 동이 있고, 동 산하에 60개의 투표소가 있다. 이낙연 후보는 17개 동은 물론이고 60개 투표소에서 사전투표에 관한 한 모두 압승하였다. 단 한 곳도 패배한 곳이 없다. 여기서 패배한 곳이 없다는 이야기는 당일투표 득표율을 훨씬 능가하는 사전투표 득표율을 얻

〈1-13〉 4·15 총선 종로구 사전투표 조작 실태

선거구	지 역	투표자수		1번/2번(%)	투표동수	관내사전투표우승지		교차표수	후보자
		사전투표수		관내사전					
		당일투표수	%	관외사전	투표구수	1번후보/2번후보(%)			
		계		당 일		1번후보	2번후보		
종로구	종로구	46,630	49.0	204.6	17			14,498	이낙연
		48,609	51.0	204.2	60	60	0		황교안
		95,239	100.0	107.5					

었음을 말한다. 확률적으로 불가능한 일이다. 이낙연 후보가 승리할 확률이 1/2이기 때문에 1/2을 60개 곱한 확률이 일어난 셈이다. 아마도 수억에서 수십억 분의 1 정도 될 것이다.

이 같은 사실은 우리에게 또 다른 메시지를 전달하고 있다. 전산조작을 통한 후보별 사전투표 득표수 조작이 17개 동은 물론이고 가장 낮은 단위인 60개 투표소에서 모두 행해졌음을 알 수 있다. 수작업을 통한 조작이 아니라 전산조작을 통한 조작임을 알 수 있다.

한편 종로구의 사전투표 참가자수는 4만 6,630명(49%)이고 당일투표 참가자수는 4만 8,609명(51%)이다. 통계학의 표본수 관점에서 어마어마한 크기다. 대수의 법칙은 이처럼 표본수가 큰 경우라면 "후보별 사전투표 득표율과 당일투표 득표율은 아주 비슷해야 한다"는 것이다. 이것을 위반하는 경우 짧고 단호하게 이야기할 수 있다. "사전투표 조작이 투표소 단위에서 전산조작으로 행해졌다."

여러분은 당일 107.5라는 숫자를 볼 수 있을 것이다. 이를 풀어 설명하면 황교안 후보가 100표를 얻을 때 이낙연 후보가 당일투표에서 107.5표를 얻었다는 뜻이다. 당일투표에서 이낙연 후보는 황교안 후보에게 근소한 차이로 승리하였음을 알 수 있다.

그런데 관외사전 204.2이다. 이는 황교안 후보가 관외사전투표에서 100표를 얻을 때 이낙연 후보가 무려 204.2표를 얻었다는 이야기다. 한마디로 말도 되지 않는 이야기다. 엄청난 표를 황교안 후보에게서 빼앗아 전산적으로 이낙연 후보에게 쑤셔 넣어주었다는 것을 말한다.

한편 관내사전 204.6이다. 이는 황교안 후보가 얻은 관내사전투표 100표에 대해 이낙연 후보가 무려 204.6표를 얻었다는 이야기다. 우편투표(관외사전투표)와 마찬가지로 관내사전투표에서도 전산조작에 의한 엄청난 득표수의 인위적인 이동이 있었음을 알 수 있다.

만약 정상적인 선거라면 관외사전(204.2)과 관내사전(204.6)은 모두 당일(107.5)과 같거나 비슷한 숫자가 나와야 한다. 이처럼 4·15 총선 종로구에서는 관외, 관내를 불문하고 대규모의 사전투표 조작이 일어났음을 확인할 수 있다. 이 같은 작업은 전산 프로그램에 의한 사전투표 득표수 이동 없이는 가능한 일이 아니다.

거듭 말하지만 종로구 사례는 2017 대선부터 2022 지방선거까지의 흔한 사례 가운데 하나다. 모든 공직선거에서 모든 선거구에서 이 같은 후보별 득표수 조작이 있었다는 이야기다. 이것은 그냥 숫자가 우리에게 말해주는 사실일 뿐이다. 어떤 가치 판단이 개입된 것이 아니다.

2020 총선과 2016 총선

2020년 4·15 총선에서 사전투표 조작이 없었던 곳은 전남, 전북, 광주광역시의 일부 지역에서 찾을 수 있다. 그렇다고 해서 전남, 전북, 광주의 모든 지역에서 사전투표 조작이 없었던 것은 아니다.

검수완박법 때문에 작전상 민주당을 떠나 현재 무소속으로 있는 민형배(광주 광산구을)를 살펴보면 사전투표 조작이 없었던 지역에서 차이값(사전-당일투표 득표율)이 어떤가를 쉽게 알 수 있다.

앞에서 이미 충분히 설명한 바와 같이 4·15 총선 종로구의 경우에는 차이값이 좌우대칭이고 아주 큰 수치다. 그러나 광주 광산구을(민형배 후보)의 경우는 한눈에 보더라도 무작위수라고 할 만큼 제멋대로다. 광주 광산구을에서는 좌우대칭과 같은 인위적인 규칙을 확인할 수 없다. 더욱이 차이값은 모두 오차범위 내에 들어갈 정

〈1-14〉 2020 총선: 종로구 대 광주 광산구을

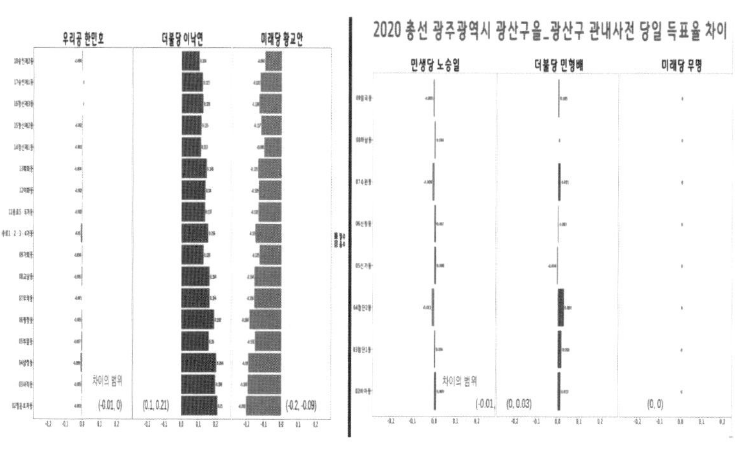

도로 아주 작은 수치를 기록하고 있다. 사전투표 조작이 이루어지는 경우와 그렇지 않은 경우에는 이처럼 큰 차이가 난다. 추가적인 분석 작업을 거치지 않더라도 중앙선관위가 발표한 후보별 사전투표 득표수와 당일투표 득표수 차이값을 확인하는 것만으로도 쉽게 부정선거 발생 여부를 진단할 수 있다.

〈1-15〉는 종로구의 2016 총선과 2020 총선을 상호 비교한 차이값 그래프다. 2016 총선(오세훈 대 정세균)에서의 차이값은 대부분 오차범위(0~3%) 이내에 머물러 있다. 후보 간 사전투표 득표수 이동이 없었음을 말한다. 인위적인 전산조작이 행해지지 않았음을 확인할 수 있다. 조작이 행해지지 않은 경우에는 특정 후보에 대한 차이값이 모두 플러스가 나오거나 모두 마이너스가 나오는 일이 일어나지 않는다.

〈1-15〉 2016 총선과 2020 총선 비교, 종로구

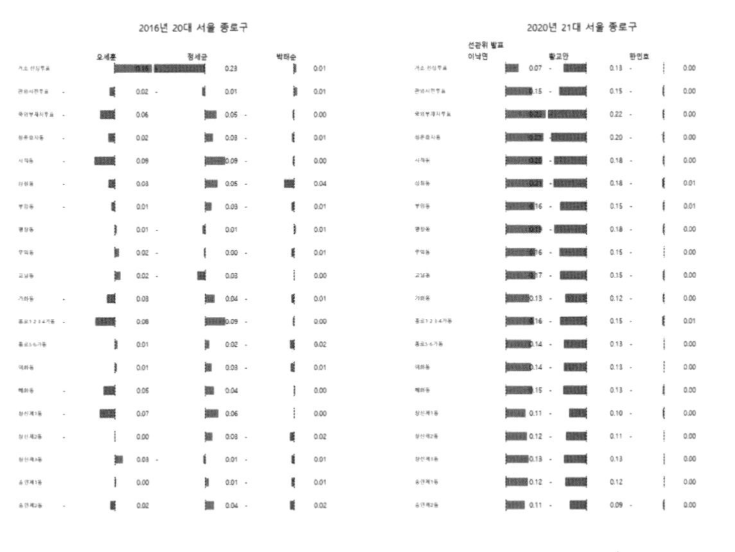

그러나 우측의 4·15 총선(이낙연 대 황교안)은 육안으로 보더라도 심한 사전투표 조작이 있었음을 알 수 있다. 황교안 후보의 사전투표 득표수 가운데 상당 부분이 이낙연 후보 쪽으로 이동하였음을 알 수 있다. 차이값(사전-당일 득표율)이 2016 총선과 비교할 수 없을 정도로 크다. 황교안의 사전투표 득표수를 크게 빼앗고, 이낙연의 사전투표 득표수를 크게 늘려준 증거물이다.

"투표 결과에 손을 대면 그 흔적이 남습니다"라는 복거일 선생의 지적을 생생하게 확인할 수 있다. 선거조작에 직간접으로 개입한 사람들 가운데 '숫자에 남겨지는 선거조작'의 문제를 깊이 생각한 사람들은 없었을 것으로 본다. 승리하는 데 지나치게 눈이 팔린 나머지 그들의 선택이 어떤 범죄 증거물을 남기는지 생각하지 못했을 것으로 본다.

사실 선거를 도둑질하는 일은 살이 떨리는 범죄다. 그 범죄는 다른 형사범과 달리 국가의 체제를 전복시키는 행위이기 때문이다. 그 범죄가 일과성 조작이 아니고 체계적이고 조직적으로 조작을 행했다면 그것은 국가전복을 시도한 국사범 가운데 최고형이 언도될 수밖에 없는 무서운 범죄다.

선거조작범이 남긴 것

한 시민이 누가 보더라도 사전투표 조작이 지울 수 없는 흔적을 남기고 마는지를 쉽게 알 수 있도록 귀한 자료를 보내주었다. 4·15 총선에서 다른 지역들과 마찬가지로 사전투표 조작이 있었던 강원

〈1-16〉 4·15 총선: 강원 대 전남

* 강원, 서울, 경기......

4.15 총선 당일 사전투표율 차이	더불어민주당	미래통합당
[강원도][강릉시][강릉시]	9.9%	-4.0%
[강원도][동해시태백시삼척시정선군][동해시]	10.7%	-9.9%
[강원도][동해시태백시삼척시정선군][삼척시]	11.7%	-11.2%
[강원도][동해시태백시삼척시정선군][정선군]	12.7%	-11.6%
[강원도][동해시태백시삼척시정선군][태백시]	10.9%	-9.6%
[강원도][속초시인제군고성군양양군][고성군]	11.0%	-10.8%
[강원도][속초시인제군고성군양양군][속초시]	11.0%	-10.6%
[강원도][속초시인제군고성군양양군][양양군]	9.4%	-8.7%
[강원도][속초시인제군고성군양양군][인제군]	13.0%	-14.6%
[강원도][원주시갑][원주시]	12.1%	-9.8%
[강원도][원주시을][원주시]	13.0%	-12.0%
[강원도][춘천시철원군화천군양구군갑][춘천시]	11.3%	-10.3%
[강원도][춘천시철원군화천군양구군을][양구군]	12.5%	-13.2%
[강원도][춘천시철원군화천군양구군을][철원군]	13.6%	-14.2%
[강원도][춘천시철원군화천군양구군을][춘천시]	11.1%	-10.6%
[강원도][춘천시철원군화천군양구군을][화천군]	12.3%	-12.8%
[강원도][홍천군횡성군영월군평창군][영월군]	12.1%	-11.5%
[강원도][홍천군횡성군영월군평창군][평창군]	13.1%	-12.3%
[강원도][홍천군횡성군영월군평창군][홍천군]	10.2%	-7.7%
[강원도][홍천군횡성군영월군평창군][횡성군]	11.8%	-9.7%
평균	**11.7%**	**-10.8%**

* 전남,광주광역시,전북

4.15 총선 당일 사전투표율 차이	더불어민주당	미래통합당
[전라남도][고흥군보성군장흥군강진군][강진군]	3.5%	-2.8%
[전라남도][고흥군보성군장흥군강진군][고흥군]	0.6%	0.0%
[전라남도][고흥군보성군장흥군강진군][보성군]	-1.7%	2.2%
[전라남도][고흥군보성군장흥군강진군][장흥군]	0.8%	-0.1%
[전라남도][나주시화순군][나주시]	3.3%	-2.7%
[전라남도][나주시화순군][화순군]	4.0%	-3.2%
[전라남도][담양군함평군영광군장성군][담양군]	2.2%	-0.7%
[전라남도][담양군함평군영광군장성군][영광군]	0.4%	-0.9%
[전라남도][담양군함평군영광군장성군][장성군]	1.4%	-0.7%
[전라남도][담양군함평군영광군장성군][함평군]	2.1%	0.0%
[전라남도][목포시][목포시]	6.5%	-1.1%
[전라남도][순천시광양시곡성군구례군갑][순천시]	3.8%	-1.4%
[전라남도][순천시광양시곡성군구례군을][곡성군]	3.3%	-2.1%
[전라남도][순천시광양시곡성군구례군을][광양시]	2.6%	-1.9%
[전라남도][순천시광양시곡성군구례군을][구례군]	3.9%	-2.1%
[전라남도][여수시갑][여수시]	5.2%	-1.7%
[전라남도][여수시을][여수시]	6.0%	-1.7%
[전라남도][영암군무안군신안군][무안군]	4.5%	-1.2%
[전라남도][영암군무안군신안군][신안군]	4.6%	-0.9%
[전라남도][영암군무안군신안군][영암군]	2.5%	-2.0%
[전라남도][해남군완도군진도군][완도군]	2.9%	-2.5%
[전라남도][해남군완도군진도군][진도군]	2.8%	-2.1%
[전라남도][해남군완도군진도군][해남군]	3.0%	-2.5%
평균	**3.0%**	**-1.4%**

제공: 시민 DG

도와 비교적 사전투표 조작이 덜했던 전남을 비교한 자료이다.

강원도의 차이값(사전-당일투표 득표율)은 민주당 후보 +11.7%, 통합당 후보 -10.8%이다. 사전투표 참가자수(사전투표 투표자수)의 -10.8%만큼을 통합당 후보에게서 빼앗고, +11.7%를 민주당 후보에게 더해주었음을 알 수 있다. 사전투표 조작으로 인해 이동한 표수는 사전투표 참가자수의 대략 22.5%나 된다. 참고로 4·15 총선의 전국 평균값은 -12.5%를 빼앗고 +12.5%를 더해주었기 때문에 사전투표 투표자수의 25%만큼의 표가 이동하였다.

하지만 전남의 경우에는 민주당 후보 +3.0%, 통합당 후보 -1.4%로 평균적으로 오차범위 내에 있음을 알 수 있다. 이는 전남의 경우 일부 지역에서 사전투표 조작이 있었지만, 평균적으로 조작규모가 작고 전남의 많은 지역에서 사전투표 조작이 없었음을 알 수 있다.

이처럼 선거조작범들은 거부할 수 없는, 묵과할 수 없는 조작 범죄와 관련된 결정적인 증거물을 남겼다. 그것은 바로 중앙선관위가 발표한 선거 데이터, 즉 후보별 사전투표 득표수에 고스란히 남아 있다. 그들은 완전범죄를 꿈꾸었고, 4·15 총선에서 민주당 압승으로 완전범죄에 성공하였다고 환호를 내질렀을 것이다.

그러나 사악한 범죄는 이처럼 후보별 득표수에 지울 수 없는 범죄 증거물을 남기고 말았다. 그들은 통계학의 법칙을 완진히 깔아뭉개고 이 범죄행위에 대해 "사전투표에는 유독 진보 성향의 투표자들이 대거 참여하였다"는 헛소리를 내놓을 것이다. 즉 그들은 "진보 성향의 투표자들이 사전투표에 떼거리로 몰려갔기 때문이다"라고 허언을 내놓을 수 있다. 수만, 수십만, 수백만이 참여하는 투표에서 그 같은 현상은 한강물에 돌을 던지는 격에 해당한다. 결과를 만들어내는 데 큰 변수가 될 수 없다는 말이다.

그 동네 사람들이 자주 내놓는 이 같은 주장에 대해 복거일 선생은 인터뷰에서 이렇게 그 문제를 콕 집어서 지적한다.

"사전투표와 당일투표 사이에 투표자들의 선택이 크게 달라졌다는 주장이 있습니다. 그러나 사람들의 생각은 쉽게 바뀌지 않아요. 특히 정치적 결정에서 가장 중요한 요소인 이념은 많은 생각의 거대한 복합체여서 좀처럼 바뀌지 않고, 바뀌더라도 오래 걸립니다. 물론 생각을 바꾸는 사람들도 있습니다. 그러나 그런 현상도 무작위적이어서 집단적 행태에 영향을 미치지 않습니다. 집단적 행태도 갑자기 바뀔 수는 있습니다. 전쟁과 같은 극한 상황이 갑자기 닥치면 사람들은 다른 집단적 행태를 보일 수 있어요. 하지만 총선에서나 대선에서나 사전투표와 당일투표 사이의 며칠은 평온했습니다. 집단적 행태가 갑자기 바뀔 만한 환경이 아니었다는 뜻이죠. 따라서 사전투표의 '작위적 규칙성'은 개표 과정에서 나온

현상이라는 결론이 나와요."

이제 남은 과제는 그들이 구체적으로 어떻게 조작을 했는가를 밝혀내는 일이다. 수작업이 아니라 전산조작으로 어떻게 대한민국 공직선거를 훔쳤는지 차근차근 살펴보려 한다. 지금부터 전개하는 이야기는 전산조작범들의 허위와 위선, 그리고 사기 행각에 숨통을 틀어막는 일이 될 것이다.

전적으로 재야 전문가의 밤을 세는 노력들이 있었기 때문에 적나라하게 그들의 범죄를 온 세상에 까발릴 수 있게 되었다. 그들의 거짓 입술을 꾹 다물게 하는 일을 지금부터 차근차근 설명할 것이다.

제2장

전산조작

"민주공화국의 대들보를 무너뜨리는 데 가담한 적들의 주력부대는 전산조작이다. 선거조작범들은 당선시키고자 하는 후보자의 목표 득표수를 설정하고 이를 달성하기 위해 전산 프로그램을 사용하였다. 그들이 제조해낸 후보별 사전투표 득표수는 온 세상에 공표되었고, 이를 바탕으로 전산조작의 전모를 모두 파악할 수 있게 되었다."

1

전산조작, 어떻게 찾아냈나

후보별 사전투표 득표율과 당일투표 득표율의 현저한 격차는 선거사기의 직관적 이해를 돕는 방법이다. 그러나 범죄행위를 구체적으로 적시하기 위해서는 그들이 어떤 방법으로 전산조작을 행하였는가를 일반인들이 이해할 수 있을 만큼 상세히 밝힐 수 있어야 한다.

첫째, 선거사기범들은 특정 지역에서 총득표수 기준으로 얼마나 표를 훔쳤는가?

둘째, 선거사기범들은 총득표수를 얻기 위해 동 단위(레벨) 혹은 투표소 단위에서 얼마나 표를 훔쳤는가?

셋째, 선거사기범들이 후보별 득표수를 조작하기 이전의 조작되지 않은 상태의 후보별 득표수는 얼마나 되는가?

넷째, 조작되지 않은 상태로부터 중앙선관위가 발표한 선거 데이터, 즉 후보별 득표수를 복원해낼 수 있는가?

다섯째, 선거사기범들이 사용한 '사전투표 조작공장'은 어떤 방식으로 운영되는가?

이 같은 궁금함을 낱낱이 입증해낼 수 있을 때 우리는 선거사기의 실체를 정확히 이해하고, 그들을 징벌하고, 방지책을 찾을 수 있을 것이다. 여기서 이 문제들을 다루려 한다.

조작된 선거 데이터로부터 시작

중앙선관위가 공식적으로 발표하는 후보별 득표수가 조작되었다면 이를 어떻게 입증할 수 있을까? 사실 육안으로 아무리 중앙선관위 선거 데이터를 뚫어지게 보더라도 숫자들의 집합 그 이상을 찾아낼 수 없다. 한마디로 보통 사람들에게 선관위 발표 자료는 선거 관련 숫자들의 묶음일 뿐이다.

숫자들의 묶음에서 어떤 특징을 찾아내려는 노력은 전혀 새롭지 않다. 경제학 등의 사회과학과 관련된 학위논문 가운데 상당수가 숫자들 사이에 존재하는 일정한 규칙을 찾아내서 의미를 부여하는 내용을 담고 있다. 여기서 핵심은 '일정한 규칙'이 존재하는가라는 점이다.

자연수는 규칙 같은 것이 전혀 존재하지 않으며, 존재해서도 안 된다. 그렇기 때문에 흔히 무작위수(random numbers)라고 부르기도 한다. 투표자들이 던진 투표수는 자연수의 특성을 갖는다. 만약 투표자들의 선택을 합산한 후보별 득표수에 일정한 규칙, 즉 숫자들 사이에 일정한 관계식을 찾아낼 수 있다면 이것은 투표자들이 던진 표를 합산한 것이 아니다. 여기서 관계식은 A후보의 득표수와 B후보의 득표수 가운데 일정한 수학적 관계가 존재하는 것을 말한다. 예를 들어 B후보가 얻은 득표수 가운데 일징한 퍼센트의 득표수를 취한 다음에 이를 A후보에게로 이동하는 것과 같은 관계를 찾을 수 있다면 이는 자연수가 아니다. 이것은 특정 프로그램을 이용해서 '만들어진 숫자(man-made numbers)'라 할 수 있다.

인간의 능력만으로 자연수인지, 아니면 만들어진 숫자인지를 판별할 수 없다. 그런데 우리는 중앙선관위가 발표한 후보별 득표수의 차이값(사전-당일투표 득표율)에서 사전투표 조작이 있었다는 것을 강력하게 의심하게 되었다. 그런데 그것으로 충분하지 않다. 구체적으로 어떤 수학적 관계식을 입증해낼 수 있어야 한다. 다시 말하면 선거조작범들이 어떤 수학적 관계식을 사용해서 표를 훔치고, 표를 더했는지를 증명해내야 한다.

그들이 숫자를 조작하는 데 컴퓨터를 사용한 것과 마찬가지로 선거조작을 규명하는 사람들도 컴퓨터를 사용해서 어마어마한 일을 성공시킬 수 있다. 바로 여기서 재야 전문가의 경험과 지식이 화려하게 빛을 발하게 된다.

딩동댕! 여주시 조작값, 15%

재야 전문가는 후보별 사전투표 득표율과 당일투표 득표율의 차이값에 주목한다. 차이값이 오차범위(0~3%)를 벗어난 상태는 비정상적인 상태, 즉 사전투표 조작으로 후보별 사전투표 득표수에 증감행위가 발생한 상태다.

앞서 〈1-11〉 후보별 득표수(종로구)에서 본 바와 같이 중앙선관위가 발표한 공식적인 후보별 득표수는 대부분이 비정상적인 상태, 즉 후보별 사전투표 득표수가 조작된 상태에 있음을 말해주고 있다. 차이값 그래프를 통해 선거조작범들이 분명히 사전투표 조작을 행한 것을 알겠는데, 그것을 찾아내는 일도 만만치 않은 과제다.

얼마만큼 조작했는지를 어떻게 찾아낼 수 있을까? 그러니까 B후보의 사전투표 득표수를 얼마만큼 빼앗아서 A후보에게로 이동시켰는지를 어떻게 알아낼 수 있을까? 재야 전문가는 선관위 발표 후보별 사전투표 득표수에 다양한 조작값이 순차적으로 입력되도록 프로그램을 짠 다음 실험에 들어갔다.

예를 들어 선관위 발표 후보별 득표수에 5%, 10%, 20% 등의 다양한 조작값이 순차적으로 적용되다가, 차이값(사전-당일투표 득표율)이 오차범위 내에 속함은 물론이고 차이값이 최소치에 도달하는 지점에서 컴퓨터가 신호를 보내도록 프로그램을 짰다. 후보수가 많은 경우에는 조작값으로 입력되는 경우의 수가 많기 때문에 상당히 복잡한 과정을 거쳐야 한다.

예를 들어보면 이해가 쉬울 것이다. 〈2-1〉은 3·9 대선 경기도 여주시 선거 결과이다. 선관위 발표 자료에 따르면 이재명 후보는 사전 46%, 당일 39%로 차이값 7%이다. 윤석열 후보는 사전 51%, 당일 56%로 차이값 6%이다. 차이값의 크기를 보면 이재명에게 사전투표 투표자수의 7%를 얹어주고, 윤석열에게서 6%를 빼앗는 다소

〈2-1〉 **조작값**(15%) **탐색: 3·9 대선**(경기도 여주시)

	선관위: 사전투표 조작 상태				조작값 발견: 사전투표 조작 없는 상태		
	이재명	윤석열	심상정		이재명	윤석열	심상정
사전	0.46	0.51	0.02	→	0.38	0.58	0.02
당일	0.39	0.56	0.02		0.39	0.56	0.02
차이	0.07	0.06	0.00		−0.01	0.02	0.00

조심스러운 조작이 행해졌음을 알 수 있다. 확실한 것은 결코 정상적인 투표라고 볼 수 없다는 점이다.

재야 전문가가 만든 프로그램에 따라 선관위 발표 자료에 대한 분석 작업이 시작된다. 선관위 발표 자료에 다양한 조작값이 자동적으로 입력되기 시작한다. 예를 들어 윤석열과 심상정에게서 표를 빼앗아 이재명에게 표를 더해주는 조작값으로 0%, 5%, 10%, 15% 등이 하나하나 적용된다.

0%일 때 차이값(사전-당일)이 가장 크다. 여기서 0%는 조작이 있는 상태를 뜻한다. 중앙선관위 자료가 조작된 상태이기 때문에 0%에서 가장 차이값이 크게 나온다. 그다음에 5%를 적용할 때 차이값이 조금 줄어든다. 10%를 적용할 때 차이값이 조금 더 많이 줄어든다. 이렇게 순차적으로 조작값이 적용되다 보면 조작값이 15% 적용될 때 차이값은 거의 오차범위 내에 도달하고 차이값이 아주 작은 크기에 도달한다. 조작값 15%일 때 이재명의 차이값은 기존의 7%에서 -1%에 이르고 윤석열은 기존의 6%에서 2%로 줄어들게 된다.

마침내 윤석열과 심상정에게서 각각 15%의 조작값이 적용될 때 차이값이 가장 작은 크기에 도달한다. 물론 그 차이값이 오차범위 내에 속함은 물론이다. 쉽게 이야기하면 다양한 조작값을 입력하는 실험 끝에 윤석열과 심상정이 얻은 사전투표 득표수에서 각각 15%를 빼앗아 이재명 후보에게로 이동시킬 때 컴퓨터는 크게 외친다. "딩동댕! 15%가 여주시 조작값입니다." 중앙선관위가 발표한 후보별 득표수에서 조작값 15%를 이용한 수학적 관계식이 존재함을 확인하게 된다. 조작값 15%를 이용해서 '만들어진 숫자'가 바로 중앙선관위 발표 후보별 득표수라는 말이다.

딩동댕! 종로구 조작값, 30%

확실하게 이해하기 위해 서울시 종로구 3·9 대선 선관위 발표 자료를 분석해보자. 〈2-2〉는 3·9 대선의 서울 종로구 선거 결과이다. 선관위 발표 자료에 따르면 이재명 후보는 사전 53%, 당일 39%로 차이값 13.5%이다.

윤석열 후보는 사전 44%, 당일 56%, 차이값 -12.4%이다. 선관위

〈2-2〉 조작값(30%) 탐색: 3·9 대선(서울 종로구)

	선관위: 사전투표 조작 상태				조작값 발견: 사전투표 조작 없는 상태		
	이재명	윤석열	심상정		이재명	윤석열	심상정
사전	0.53	0.44	0.03	→	0.39	0.57	0.04
당일	0.39	0.56	0.03		0.39	0.56	0.02
차이	0.135	−0.124	0.006		0.005	0.007	0.003

발표 자료를 보는 것만으로 "엄청난 조작질을 했구나!"라는 탄성이 절로 나온다. 오차범위(0~3%) 내에 머물러야 할 차이값(사전-당일)이 무려 이재명 13.5%, 윤석열 -12.4%나 된다.

차이값의 크기를 보면 이재명에게 사전투표 투표자수의 13.5%를 더해주고, 윤석열에게서 12.4%를 빼앗는 과감한 사전투표 득표수 조작이 행해졌음을 알 수 있다. 사전투표 조작이 실행에 옮겨졌음은 선관위가 발표한 공식 데이터를 보는 것만으로 바로 알 수 있다.

선거사기범들의 사전투표 조작을 밝히기 위해 재야 전문가가 작성한 프로그램에 따라 조작값을 찾는 작업이 진행된다. 윤석열과 심상정에게서 몇 퍼센트(사전투표 참가자수 기준)의 표를 빼내서 이재명에게 더하는가를 나타내는 조작값이 순차적으로 적용되기 시작한다. 0%, 5%, 10%, 15%, 25% 등으로 하나하나 적용하다 보면 30%에서 가장 작은 크기의 차이값이 나타난다. 30%에서 컴퓨터는 외친다. "딩동댕! 30%가 종로구 조작값입니다."

〈2-1〉의 좌우에서 우리가 확인할 수 있는 것은 당일투표 후보별 득표율이 전혀 변함이 없다는 사실이다. 이재명 39%, 윤석열 56%이다. 심상정은 좌측에서 3%, 우측에서 2%나 소수점 두 자리에서 반올림한 점을 염두에 두면 차이는 거의 무시할 수준이다.

3·9 대선의 당일투표에서 실물로 된 위조투표지 투입이 얼마나 이루어졌는지를 정확히 알 수 없다. 그러나 실물 위조투표지 투입과 전산조작을 별개의 작업으로 이해할 필요가 있다. 전산 프로그램을 가동해 윤석열과 심상정 후보의 표를 빼앗아서 이재명 후보에게 이동시키는 전산조작의 핵심은 사전투표 득표수 이동에 있음을 알 수 있다.

3·9 대선을 비롯한 대한민국 공직선거의 핵심은 전산조작에 의한 사전투표 득표수 증감(增減) 작업이다. 전산 프로그램을 사용해 한쪽에서 감소시킨 득표수만큼 다른 한쪽에서 증가시킨 것이 선거 사기의 핵심이다. 이때 변함이 없는 기준점은 후보별 당일투표 득표수다. 다시 한번 차이값(사전-당일투표 득표율)에서 앞에 있는 사전투표 득표율을 올리거나 내리는 식으로 전산조작을 행하였다.

엿장수 마음대로라는 말처럼 전산 프로그램을 가동하는 자들이 조작값을 입력해서 특정 선거와 특정 후보, 그리고 특정 지역에 맞추어서 원하는 대로 주무를 수 있는 선거가 대한민국 공직선거라는 점에 주목해야 한다.

사전투표(득표수) 조작공장, 조작값

경기도 여주시의 조작값(15%)을 찾아낸 의미는 무엇일까? 서울시 종로구의 조작값(30%)을 발견한 의미는 도대체 무엇을 뜻하는 것일까?

3·9 대선이 끝난 이후에 중앙선관위가 공식적으로 발표하는 후보별 득표수(거소선상, 관외사전, 재외국민, 동별 관내사전투표 득표수 등)는 모두 '만들어진 숫자'들이다. 여기서 '만들어진 숫자'의 의미를 명확하게 정리할 필요가 있다.

〈2-3〉은 중앙선관위가 제공한 3·9 대선 경기도 여주시 후보별 득표수다. 이들 가운데 동별 선거일투표(당일투표)를 제외한 모든 후보별 득표수는 만들어진 숫자들이다. '만들어진 숫자'라는 이야기는

〈2-3〉 후보별 득표수(경기도 여주시), 선관위(3·9 대선)

읍면동명	투표구명	선거인수	투표수	후보자별 득표수 더불어민주당 이재명	국민의 힘 윤석열	정의당 심상정	기본소득당 오준호	국가혁명당 허경영	노동당 이백윤	새누리당 옥은호	자유민주당 김경재	우리공화당 조원진	진보당 김재연	통일한국당 이경희	한류연합당 김민찬	계	무효투표	기권수
합계		129,968	100,629	46,130	49,172	3,115	53	558	42	9	50	82	105	20	30	99,366	1,263	29,339
거소·선상투표		217	200	82	85	4	1	3	0	0	0	0	2	0	0	177	23	17
관외사전투표		15,132	13,092	6,416	5,972	434	8	99	4	1	5	3	22	2	4	12,970	122	40
재외투표		2,077	1,480	738	541	56	2	9	0	0	0	0	1	0	0	1,348	132	597
재외투표(공관)		0	188	83	79	6	0	0	0	0	0	0	0	0	0	168	20	-188
청운효자동	소계	8,706	6,640	3,150	3,137	237	3	26	2	0	3	7	4	1	2	6,572	68	2,066
	관내사전투표	3,102	3,098	1,758	1,221	81	2	8	3	0	0	4	1	1	1	3,078	20	4
	선거일 투표	5,604	3,542	1392	1916	156	1	18	1	0	3	3	3	0	1	3,494	48	2062
사직동	소계	7,651	5,850	2,260	3,282	212	3	22	0	1	2	4	4	0	0	5,790	60	1,801
	관내사전투표	2,737	2,732	1,360	1,259	83	1	4	0	0	1	0	1	0	0	2,709	23	5
	선거일 투표	4,914	3,118	900	2,023	129	2	18	0	1	1	4	3	0	0	3,081	37	1,796
삼청동	소계	1,935	1,443	591	767	51	0	10	0	0	3	3	0	0	0	1,425	18	492
	관내사전투표	717	716	376	299	25	0	5	0	0	0	1	0	0	0	706	10	1
	선거일 투표	1,218	727	215	468	26	0	5	0	0	3	2	0	0	0	719	8	491
부암동	소계	7,205	5,485	2,496	2,731	154	0	26	4	0	4	0	4	1	2	5,422	63	1,720
	관내사전투표	2,360	2,360	1,283	1,002	57	0	5	3	0	0	0	0	0	1	2,351	9	0
	선거일 투표	4,845	3125	1213	1729	97	0	21	1	0	4	0	4	1	1	3071	54	1720
평창동	소계	13,796	10,534	3,866	6,248	266	5	35	7	1	6	8	11	0	2	10,455	79	3,262
	관내사전투표	4,411	4,411	2,011	2,253	104	2	5	3	1	2	2	4	0	1	4,388	23	0
	선거일 투표	9,385	6123	1855	3995	162	3	30	4	0	4	6	7	0	1	6067	56	3262
무악동	소계	6,143	4,978	2,162	2,586	155	3	17	0	1	0	2	3	2	2	4,933	45	1,165
	관내사전투표	2,572	2,570	1,306	1,178	63	2	4	0	0	0	0	1	0	1	2,555	15	2
	선거일 투표	3,571	2,408	856	1408	92	1	13	0	1	0	2	2	2	1	2,378	30	1163
교남동	소계	7,795	6,215	2,621	3,276	193	3	28	1	0	2	9	11	2	1	6,147	68	1,580
	관내사전투표	2,876	2,875	1,415	1,335	85	2	5	1	0	0	2	7	1	0	2,853	22	1
	선거일 투표	4,919	3,340	1206	1,941	108	1	23	0	0	2	7	4	1	1	3,294	46	1579
가회동	소계	3,454	2,650	1,252	1,243	104	2	10	1	0	2	2	4	1	2	2,623	27	804
	관내사전투표	1,456	1,454	783	586	55	0	3	0	0	0	0	4	0	1	1,442	12	2
	선거일 투표	1,998	1,196	459	657	49	2	7	1	0	2	2	0	1	1	1,181	15	802
종로1·2·3·4가동	소계	5,741	3,527	1,468	1,911	81	2	17	0	1	1	2	4	3	0	3,490	37	2,214
	관내사전투표	1,540	1,540	753	743	28	0	3	0	0	0	0	1	0	0	1,528	12	0
	선거일 투표	4,201	1,987	715	1168	53	2	14	0	1	1	2	3	3	0	1,962	25	2,214
종로5·6가동	소계	4,130	2,906	1,305	1,460	76	0	23	0	0	1	2	0	0	2	2,869	37	1,224
	관내사전투표	1,327	1,325	669	608	30	0	6	0	0	1	1	0	0	0	1,314	11	2
	선거일 투표	2,803	1581	637	852	46	0	17	0	0	0	1	0	0	2	1555	26	1222
이화동	소계	6,154	4,703	2,279	2,141	174	2	23	1	1	4	5	8	1	1	4,640	63	1,451
	관내사전투표	2,430	2,430	1,347	975	74	1	5	0	0	0	2	5	0	1	2,410	20	0
	선거일 투표	3,724	2,273	932	1166	100	1	18	1	1	4	3	3	1	0	2,230	43	1451
혜화동	소계	12,828	9,743	4,400	4,752	364	15	47	12	0	5	9	6	1	5	9,616	127	3,085
	관내사전투표	4,538	4,532	2,357	1,962	152	6	11	7	0	0	1	3	0	3	4,502	30	6
	선거일 투표	8,290	5211	2043	2790	212	9	36	5	0	5	8	3	1	2	5114	97	3079
창신제1동	소계	5,152	3,907	2,134	1,580	90	0	37	2	1	1	6	4	2	2	3,859	48	1,245
	관내사전투표	2,369	2,368	1,421	844	50	0	19	2	1	0	0	3	1	1	2,342	26	1
	선거일 투표	2,783	1,539	713	736	40	0	18	0	0	1	6	1	1	1	1,517	22	1244
창신제2동	소계	6,071	4,089	2,262	1,633	78	2	35	3	0	4	7	3	1	3	4,031	58	1,982
	관내사전투표	1,320	1,313	835	426	24	2	7	1	0	1	1	0	0	0	1,301	12	7
	선거일 투표	4,751	2776	1423	1207	54	0	28	2	0	3	6	3	1	3	2730	46	1975
창신제3동	소계	5,236	4,067	2,036	1,848	109	1	16	1	0	4	3	3	0	0	4,021	46	1,169
	관내사전투표	1,983	1,982	1,131	786	46	0	3	1	0	1	0	0	0	0	1,968	14	1
	선거일 투표	3,253	2,085	905	1062	63	1	13	0	0	3	3	3	0	0	2,053	32	1168
숭인제1동	소계	4,575	3,286	1,641	1,489	84	1	26	1	1	2	1	1	1	0	3,248	38	1,289
	관내사전투표	1,523	1,522	867	600	31	1	7	1	0	1	0	0	1	0	1,509	13	1
	선거일 투표	3,052	1764	774	889	53	0	19	0	1	1	1	1	0	0	1739	25	1288
숭인제2동	소계	7,970	5,605	2,866	2,394	185	0	49	3	1	1	9	10	2	2	5,522	83	2,365
	관내사전투표	2,433	2,431	1,397	901	63	0	15	2	0	1	1	3	0	0	2,403	28	2
	선거일 투표	5,537	3174	1469	1473	122	0	34	1	1	0	8	7	2	2	3119	55	2363
잘못 투입·구분된 투표지		0	41	21	17	2	0	0	0	0	0	0	0	0	0	40	1	-41

출처: 중앙선관위

누군가 인위적으로 숫자를 제조했다는 것을 뜻한다. 우리는 지금 육안으로 조작 여부를 판별할 수 없는 여주시 후보별 득표수를 보고 있다. 그런데 이들 숫자 가운데 당일투표를 제외한 모든 후보별 득표수가 만들어진 숫자라는 건 무엇을 뜻하는 것일까?

여러분이 지금 보고 있는 중앙선관위 발표 후보별 득표수 이면에 숫자를 만들어내는 조작공장 혹은 제조공장이 있고, 이 공장이 가동되었다는 것을 말해준다. 여러분이 보고 있는 후보별 득표수는 하늘에서 떨어진 숫자가 아니다. 인위적이고 작위적인 숫자들이다.

일명 사전투표(득표수) 제조공장이 가동되었다는 말이다.

여주시에서 찾아낸 15%, 종로구에서 찾아낸 30%라는 조작값은 사전투표 제조공장의 엔진에 해당한다. 선거사기범들은 조악하고 단순한 전산 프로그램을 짠 다음 그곳에 조작값을 지역별 혹은 후보별로 달리 집어넣었다. 전산 프로그램이 작동하도록 버튼을 집어넣는 순간 특정 후보의 사전투표 득표수 가운데 일정 퍼센트에 해당하는 득표수가 다른 특정 후보에게로 이동하도록 조치하였다.

조작값을 찾아내는 작업은 검찰의 압수수색에 비유할 수 있다. 선거 범죄를 담당하는 대한민국의 검찰은 직무를 유기하고 말았지만, 재야 전문가는 자발적으로 그와 비슷한 업무를 수행했다. 결국 그는 2017 대선부터 대한민국 공직선거에서 모든 사전투표(득표수) 조작공장, 제조공장을 찾아냈다.

단, 2016 총선에서는 어떤 조작공장도 발견할 수가 없었다. 2016 총선은 사전투표 조작이 없었다는 말이다. 선거 데이터가 조작되었다는 것은 선거사무에 대해 독점적인 권한을 갖고 있는 중앙선관위와 그 관계자들이 모든 책임을 져야 할 일이다.

선관위 발표 득표수, 조작공장 그리고 조작값

지금까지의 이야기를 차근차근 정리해보자. 〈2-4〉는 선관위 발표 후보별 득표수, 조작공장, 조작값의 상호 관계를 설명하고 있다.

첫째, 중앙선관위가 발표한 후보별 득표수(A)는 모두 '만들어진

〈2-4〉 중앙선관위 발표 후보별 득표수와 조작공장

A		B		C
중앙선관위 발표 후보별 사전투표 득표수 (후보별 가짜 사전투표 득표수)	←	사전투표 득표수 조작공장(제조공장)	←	지역별, 후보별 조작값 입력

숫자'이다. 당일투표 득표수에는 손을 대지 않았기 때문에 이것만 진짜일 뿐이며, 다른 모든 숫자들은 가짜다.

둘째, 선거사기범들은 특정 후보에게서 다른 후보에게로 일정한 퍼센트만큼 사전투표 득표수가 이동하는 전산 프로그램을 작성해서 활용하였다. 이를 일명 사전투표 득표수 조작공장 혹은 제조공장(B)이라 부를 수 있다. 전산 프로그램이라고 하지만 조악한 연산 프로그램이다. 특정 후보에게서 몇 퍼센트를 빼서 또 다른 특정 후보에게 옮기는 더하기 빼기로 구성된 간단한 연산 프로그램이다.

셋째, 중앙선관위가 당선자와 낙선자를 구분하기 위해 사용하는 기준인 후보별 사전투표 득표수(A)는 사전투표 득표수 조작공장(B)으로부터 만들어진 최종 제품이다. 쉽게 이야기하면 선관위 발표 후보별 득표수는 출생지가 모두 사전투표 득표수 조작공장이다.

넷째, 사전투표 득표수 조작공장의 엔진은 조작값(C)이다. 지역별, 후보별로 선거사기범들이 사전에 짠 선거 시나리오에 따라 고유한 조작값이 입력되면 사전투표 득표수 조작공장이 가동된다. 조작공장의 생산품은 가짜 사전투표 득표수다.

다섯째, 조작값 결정은 엿장수 마음대로다. 선거사기범들이 원하는 대로 조작값을 결정하였다.

2022년 3·9 대선에서는 여주시 15%, 종로구 30%, 동대문구

25%, 중구 25%, 양천구 25% 등이다. 2020년 4·15 총선에서는 종로구 45%, 서초구갑 30%, 강남구갑 30%, 구로구갑 30% 등이다. 2022년 6·1 지방선거에서 서울시장 선거는 종로구 20%, 성동구 20%, 중랑구 15%, 은평구 15% 등이다.

부산시장 선거는 중구 5%, 부산진구 9%, 해운대구 5%, 사하구 95% 등이다. 이것은 선거가 아니고 그냥 사기다. 선거사무를 담당하는 자들이 선거사기에 조직적이고 체계적으로 개입한 범죄가 공직선거에서 일어났다.

여섯째, 선거사기범들은 사전투표 득표수 조작공장과 관련된 전산기기 등에서 범죄 증거물들을 대부분 인멸하였다. 일체의 전산기기에 대한 포렌식을 거부한 중요한 이유가 무엇이었는지를 짐작할 수 있다.

일곱째, 그들이 인멸하지 못한 가장 중요한 범죄 증거물이 남아 있다. 그리고 만천하에 다 공개된 상태다. 사전투표 득표수 조작의 흔적이 모두 남아 있는 중앙선관위 발표 후보별 사전투표 득표수(A)라는 선거 데이터다. 재야 전문가는 이 자료를 분석해서 범행 전모를 밝혀냈다.

여덟째, 앞으로 있을 선거에서도 사전투표 득표수 조작공장(B)은 언제든지 가동될 수 있다. 이미 준비가 되어 있고, 실전 준비를 여러 차례 마쳤고, 가동하는 데 추가적인 비용이 들지 않는다. 그냥 선거 시나리오를 짜고 자신들의 권력을 훔칠 수 있는 수준의 조작값(C)만 결정하면 된다. 그다음에 버튼만 누르면 가짜 사전투표 득표수를 얼마든지 만들어낼 수 있다.

아홉째, 그동안 선거 시나리오를 짜서 실행에 옮겼던 정치권력을 탈취한 자들이나 선거사무를 담당하는 자들 가운데 적극적으로 부역한 자들은 공범관계에 있다. 앞으로도 그들의 협력관계는 깨질 수 없다. 함께 저지른 죄들이 너무 많기 때문에 장기집권을 완성하는 날까지 운명공동체가 될 수밖에 없다.

이 같은 내란 범죄를 앞에 두고도 대통령 이하 모든 지도자들이 침묵하는 한국 사회는 한마디로 어이 상실의 사회라 할 수 있다. 국가라고 부르기에도 민망할 정도다. 나라가 썩어도 정말 너무 썩었다!

2

전산조작, 어떻게 증명했나

가짜로부터 진짜를, 복원

이 정도를 밝혀내도 선거사기범들은 오리발을 내밀 것이다. 그들은 끝까지 "그게 아니다"라고 일관할 것이다. 설령 밝혀지더라도 "우리는 몰랐다"고 항변할 것이다. 알았건 몰랐건 관계없이 대한민국에서 세금 받아먹고 선거사무를 담당하는 관계자들이 모두 책임져야 하는 일이다. 그리고 그들을 하수인처럼 움직인 정치인들 가운데 직간접으로 간여한 모든 자들은 법의 이름으로, 국민의 이름으로 처벌 받는 날이 올 것이다.

이를 위해 반드시 필요한 작업이 전산조작을 확실하게 증명하는 일이다. 여기서 우리는 후보별 사전투표 득표수에 손을 대면 어떤

〈2-5〉 진짜 사전투표 득표수의 복원

중앙선관위 발표 후보별 사전투표 득표수	→	조작값 발견 및 활용	→	사전투표 조작이 없는 후보별 진짜 사전투표 득표수

일이 일어나는가를 명료하게 정리할 필요가 있다. 예를 들어 B, C후보의 사전투표 득표수에서 일정한 퍼센트만큼을 빼앗아서 A후보에게 더해주는 경우를 가정해보자. 선거사기범들은 육안으로 확인할 수 없도록 전산조작을 했기 때문에 국민들을 완벽하게 속일 수 있다고 확신할 것이다. 영원히 속일 수 있다고 믿어 의심치 않았을 것이다. 그렇기 때문에 반복적으로 전산조작을 밀어붙일 수 있었을 것으로 본다.

그러나 그들이 놓친 치명적 실수가 있다. 그들이 공식적으로 발표한 후보별 사전투표 득표수로부터 진짜 사전투표 득표수의 복원이 가능하다. 복원(復原)의 사전적인 의미는 원래 상태로 되돌리는 것이다. 원래 상태란 조작되지 않은 상태를 말한다.

달리 이야기하면 그들이 발표한 후보별 가짜 사전투표 득표수에서 후보별 진짜 사전투표 득표수를 찾아낼 수 있다는 말이다. 여기서 결정적인 역할을 담당하는 것이 앞에서 충분히 설명한 조작값이다.

예를 들어 우리는 앞에서 중앙선관위 발표 선관위 데이터를 분석해서 3·9 대선 서울시 종로구 조작값이 30%라는 사실을 찾아낸 바 있다. 이는 중앙선관위가 발표한 후보별 사전투표(거소선상, 재외국민, 관외사전, 관내사전 등) 득표수로부터 조작되지 않은 상태의 진짜 후보별 사전투표 득표수를 복원해낼 수 있음을 뜻한다.

조작된 후보별 사전투표 득표수와 조작되지 않은 후보별 사전투표 득표수를 상호 비교하면 얼마나 표를 훔쳤는가를 단번에 확인할 수 있다. 어느 동에서, 어느 구에서 얼마를 훔쳤는지를 대단히 구체적으로 확인하는 일이 가능하게 된다.

진짜로부터 가짜를, 복원

다시 원점으로 돌아가 보자.

선거는 투표자들이 던진 표를 한 표 한 표 합산해서 후보별 총득표수를 구한 다음, 이를 바탕으로 당락을 결정하는 일이다. 투표자들이 던진 표는 자연수이자 무작위수다. 어떤 규칙이나 패턴을 발견할 수 없다. 이런 숫자는 그야말로 제멋대로 숫자이기 때문에 어떤 방법이나 수단을 사용하더라도 이를 다시 복원하는 일은 원천적으로 불가능하다.

어떤 숫자들을 복원할 수 있다는 이야기는 그 숫자들이 어떤 규칙이나 어떤 공식에 따라 만들어진 숫자이기 때문이다. 선관위가 발표한 후보별 사전투표 득표수는 얼마든지 복원하거나 다시 만들어 낼 수 있다.

사전투표 조작이 없는 후보별 진짜 사전투표 득표수에 조작값을 적용하게 되면 선관위가 발표한 후보별 사전투표 득표수를 고스란히 복원하는 일이 가능하다. 지금까지 이야기를 종합하면 다음과 같이 요약할 수 있다(〈2-6〉 참조).

진짜에서 가짜를 복원하는 일이 가능하고, 가짜에서 진짜를 복

〈2-6〉 **진짜와 가짜의 복원**

중앙선관위						재야 전문가
후보별 사전투표 득표수	→	조작값 확인	→	조작값 적용	→	사전투표 조작이 없는 진짜 사전투표 득표수
가짜	←	복원			→	진짜

원하는 일이 가능한 것은 무척 중요한 의미를 갖고 있다. 어떤 의미를 갖고 있는가?

첫째, 선관위가 발표한 후보별 사전투표 득표수를 분석해서 조작값을 찾아낼 수 있다. 조작값을 찾아낸 것은 후보별 사전투표 득표수를 만들어낸 제조공장을 찾아낸 것을 뜻한다.

둘째, 조작값을 찾아낼 수 있다는 사실은 선관위 발표 득표수가 선거사기범들이 정한 규칙이나 패턴에 의해 만들어진 숫자라는 것을 의미한다. 선거조작범들은 B후보나 C후보의 사전투표 득표수 가운데 일정 퍼센트를 훔쳐 A후보에게 더하는 전산 프로그램을 가동하였다.

셋째, 선관위가 발표한 후보별 사전투표 득표수에 조작값을 적용하면 사전투표 조작이 없는 상태의 후보별 사전투표 득표수를 찾아낼 수 있다. 오차범위 내에서 거의 완벽한 복원이 가능하다. 일명 후보별 진짜 사전투표 득표수를 찾아내게 된다.

넷째, 일명 후보별 진짜 사전투표 득표수에 조작값을 적용하면 사전투표 조작이 실행에 옮겨진 상태의 후보별 사전투표 득표수를 찾아낼 수 있다. 오차범위 내에서 거의 완벽한 후보별 가짜 사전투표 득표수 복원이 가능하다.

이처럼 복원된 후보별 가짜 사전투표 득표수가 바로 중앙선관위가 공식적으로 발표한 선거 데이터다. 2017 대선부터 2022 지방선거에 이르기까지 당선자 선정의 기준으로 사용된 모든 선관위 발표 후보별 사전투표 득표수는 조작값을 이용해서 거의 완벽한 복원이 가능하다. 여기서 거의 완벽한 복원이라는 이야기는 통계상 오차범위 내에서 복원을 뜻한다.

다섯째, 중앙선관위가 발표한 후보별 사전투표 득표수는 모두 '만들어낸 숫자'이다. 재야 전문가의 헌신적인 분석 작업에 힘입어 2017 대선부터 2022 지방선거까지 전국의 거의 모든 지역에서 조작값 발견, 후보별 진짜 사전투표 득표수 복원, 후보별 가짜 사전투표 득표수 복원이 가능하게 되었다.

여섯째, 이 모든 작업의 핵심에는 '만들어진 숫자'가 있다. 만들어진 숫자이기 때문에 조작값 발견이 가능하고 진짜와 가짜의 복원이 가능하다. 제멋대로 숫자인 자연수라면 이런 작업은 원천적으로 불가능하다. 선거사기범들은 모든 공직선거를 조작하였음을 확인할 수 있게 되었다.

투표소 단위에서 조작

컴퓨터의 위력은 막강하다. 수십, 수백, 수천만 개의 자료를 순식간에 해치운다. 재야 전문가는 "요즘 세상에 부정선거가 어디 있냐"라는 사람들에게 이런 이야기를 해주고 싶다며 환하게 웃었다. "2017 대선부터 2022 지방선거까지 모든 선거 분석을 저 혼자서 했습니다. 분석을 도와주는 사람이 있는 것도 아니고, 낮에는 일하고 밤에만 분석했습니다. 얼마 걸리지 않았습니다. 그렇기 때문에 전산조작으로 선거하는 일도 몇 사람이면 족합니다. 그게 컴퓨터의 힘입니다."

많은 사람은 그 많은 선거구를 어떻게 일일이 정교하게 조작할 수 있는가라는 의구심을 가질 수 있다. 전산 작업에 익숙지 않은 사람들이면 자연스럽게 가질 수 있는 궁금함이다. 그러나 전산 작업은 눈 깜짝할 사이에 수만, 수십만, 수백만 단위의 정보를 처리해버린다. 더욱이 전산조작에 의한 사전투표 조작 작업은 전산적인 측면에서 아주 간단한 일이다.

B후보나 C후보에게서 일정한 퍼센트의 사전투표 득표수를 빼앗아서 A후보에게 옮겨버리는 일이다. 복잡한 수학 연산을 필요로 하지 않는 아주 간단한 일이다. 요즘 초등학생도 얼마든지 짤 수 있는 연산 프로그램만으로 가능하다. B, C후보의 사전투표 득표수에다 조작률을 곱한 값을 빼고, 그만큼을 A후보에게 더해주는 간단하고 조악한 연산 프로그램을 선거조작범들이 사용하였을 것이다.

선거사기범들은 구체적으로 어떻게 표를 훔쳐서 이동시켰을까? 이것도 전산조작을 했기 때문에 낱낱이 밝혀질 수밖에 없다. 전산조작을 해서 선거 데이터를 만들었기 때문에 역으로 전산조작을 하는 방법이 처음부터 끝까지 세상에 까발려질 수밖에 없다.

그들은 모든 투표소에서 조작을 행하였다. 예를 들어 서울특별시에는 25개의 자치구가 있고, 자치구 산하에 426개 동이 있다. 선거마다 투표소 숫자는 다소 변경이 가능하지만 4·15 총선의 경우 2,252개 동이 있었다. 4·15 총선에서 선거사기범들은 2,252개 동에서 동일한 전산 프로그램을 사용해서 후보별 사전투표 득표수 이동을 시도하였다.

그 결과 더불어민주당은 2,252개 투표소에서 모두 사전투표 득표율이 당일투표 득표율을 압도한다. 성공 확률로 따지면 1/2을 2,252개를 곱한 수만큼 확률적으로 거의 일어날 수 없는 일로 사전투표에서 압승을 하였다. 단 한 군데의 투표소에서도 미래통합당은 사전투표에서 승리하지 못했다. 여기서 확률적으로 거의 일어날 수 없다고 이야기했지만, 일어나는 일이 불가능하다고 이야기해도 전혀 이상한 일이 아니다.

투표소 단위에서 조작한 사전투표 득표수를 모두 합치면 자연스럽게 동별 사전투표 득표수가 나오게 된다. 대부분 선거 분석 작업에서 동별 자료를 대상으로 하는데, 실상은 투표소 단위에서 이루어진 작업의 합산으로 볼 수 있다.

〈2-7〉은 서울시 일부 지역의 투표소 단위에서 이루어진 사전투표 조작을 정리한 도표이다. 4·15 총선에서 중구성동구갑의 경우에는 13개 동이 있고, 그 산하에 모두 65개의 투표소가 있다. 관내사전투표에서 민주당 후보가 65:0이라는 이야기는 65개 투표소에서 모두 민주당 후보가 압승하였음을 뜻한다. 이를 직설적으로 표현하면 투표소 레벨마다 전산조작에 의해 미래통합당 후보의 표 가운데 일정 퍼센트가 민주당 후보에게 넘어갔음을 의미한다.

종로구도 마찬가지다. 17개 동, 60개 투표소가 있다. 60:0이라는 의미는 60개 사전투표소에서 모두 민주당 후보가 승리하였다는 이야기다. 서울시 2,252개 투표소에서 모두 민주당 후보가 사전투표에서 압승을 하였다. 단 한 군데서도 통합당 후보는 승리하지 못하였

〈2-7〉 4·15 총선(서울), 투표소 단위 사전투표 조작

선거구	지 역	투표동수	관내사전투표우승지		후보자
		투표구수	1번후보/2번후보(%)		
			1번후보	2번후보	
중구성동구갑	성동구	13 65	65	0	홍익표 진수희
종로구	종로구	17 60	60	0	이낙연 황교안
은평구을	은평구	7 55	55	0	강병원 허용석
영등포구을	영등포	9 64	64	0	김민석 박용찬
영등포구갑	영등포	9 59	59	0	김영주 문병호
양천구갑	양천구	9 66	66	0	황 희 송한섭
양천구을	양천구	9 60	60	0	이용선 손영택
서대문구갑	서대문구	7 46	46	0	우상호 이성헌
마포구을	마포구	9 62	62	0	정청래 김선동
마포구갑	마포구	7 47	47	0	노웅래 강승규

다. 중구성동구갑, 종로구, 은평구을, 영등포구을, 영등포구갑, 양천구갑 등의 자료를 보면 알겠지만 서울의 모든 지역구, 모든 동, 모든 투표소 레벨에서 사전투표 조작이 일어났음을 알 수 있다.

대한민국 공직선거의 사전투표 조작은 모든 투표소 단위(레벨)에서 이루어지고 있다. 전산조작을 통해 투표소 단위에서 B, C후보가 얻은 사전투표 득표수 가운데 일정 퍼센트를 A후보에게 이동하는 방법이 사용되었다. 투표소 레벨에서의 조작, 이것을 여러분은 분명히 기억할 필요가 있다. 모든 공직선거에서 모든 투표소 단위에서의 전산조작, 이것이 선거사기의 핵심이다.

전국, 멀쩡한 곳이 없다

2016년 총선부터 2022년 지방선거까지 모든 공직선거가 분석되었다. 재야 전문가에 의한 이 같은 체계적인 분석 작업은 대단히 의미 있는 일이다. 왜냐하면 4·15 총선에 머물지 않고 전체 공직선거를 살펴봄으로써 대한민국 공직선거를 관통하는 선거사기의 실체와 전모를 제대로 파악하는 일이 가능하기 때문이다. 2020년 총선의 부정선거를 규명하기 위해 노력하는 과정에서 나는 '이 양반들이 한 번만 선거사기를 저지른 것이 아닐 것이다'라는 강한 의심을 가져왔기 때문이다. 이 같은 의심이 선거 전반에 대한 재야 전문가의 분석으로 완전히 입증되었다.

〈2-8〉에 추가적으로 4·15 총선에서 투표소 단위마다 이루어진 사전투표 조작을 공개한다. 사례로 든 경기, 부산, 대구뿐만 아니라 전국 방방곡곡에서 투표소 단위의 사전투표에 대한 전산조작이 일어났다. 물론 이 같은 일은 4·15 총선만이 아니라 다른 공직선거에도 그대로 일어난 현상이다.

4·15 총선 경기도 지역구 가운데서 10곳을 임의로 뽑았다. 민주당 후보의 승리 확률은 충격적이다. 선거구에 속하는 모든 동 단위

〈2-8〉 4·15 총선(경기), 투표소 단위 사전투표 조작

선거구	지 역	투표동수	투표구수	관내사전투표우승지 1번후보/2번후보(%) 1번후보	관내사전투표우승지 1번후보/2번후보(%) 2번후보	후보자
화성시갑	화성시	14	79	79	0	송옥주 최영근
의왕과천	의왕시	6	47	47	0	이소영 신계용
포천시가평군	포천시	6	41	41	0	이철휘 최춘식
평택시갑	평택시	11	78	78	0	홍기원 공재광
파주시을	파주시	11	73	73	0	박 정 박용호
의정부시갑	의정부시	7	52	52	0	오영환 강세창
용인시정	기흥구	7	56	56	0	이탄희 김범수
용인시병	수지구	7	62	62	0	정춘숙 이상일
안양시동양구갑	동안구	8	49	49	0	민병덕 임호영
수원시병	팔달구	10	52	51	1	김영진 김용남

에서 사전투표 승리는 물론이고 산하의 투표소 단위에서 민주당은 압승하였다. 예를 들어 화성시갑(79:0), 의왕과천(47:0), 포천시 가평군(41:0), 평택시갑(78:0), 파주시을(73:0) 등이다. 경기도의 10개 지역구에서 투표소 단위에서 민주당이 모두 압승하는 것은 투표소 단위의 전산조작이 없다면 현실 세계에서 일어날 수 없는 일이다.

〈2-9〉 파주을 재검표장의 붉은 화살표 투표지

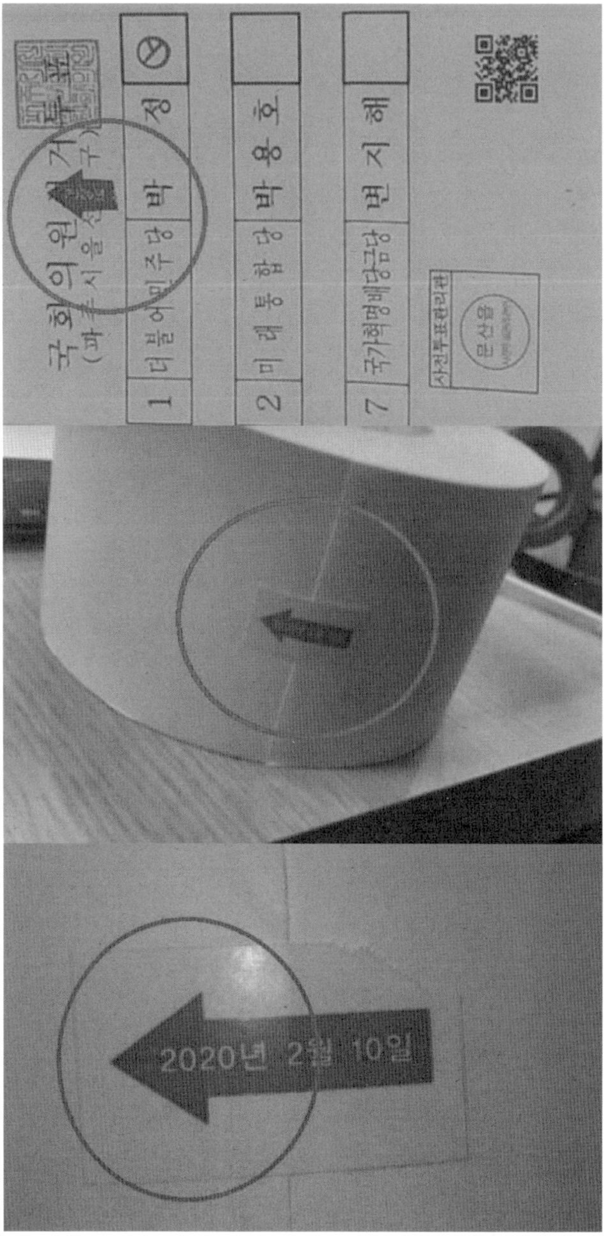

경기도 여러 지역구 가운데서도 민주당 박정 후보(파주시을)가 통합당 박용호 후보와 맞서 73개 사전투표소에서 모두 승리한 곳은 주목할 만하다. 2021년 11월 11일, 4·15 총선 파주시을 선거무효소송 재검표가 실시되었다. 통합당 박용호 후보가 해당 선거관리위원회를 대상으로 제기한 재검표 현장에서는 무더기로 위조투표지가 쏟아져 나온 곳이다. 특히 투표지 상단에 느닷없이 붉은 화살표가 인쇄되어 있는 사전투표지가 발견되었다.

실제 선거에 사용되는 투표용지에는 용지를 고정시키기 위해 화살표 스티커가 붙어 있다. 사전투표소에서 롤 용지를 사용하기 위해 롤의 포장을 푼 다음 화살표 모양의 스티커를 완전히 제거하고 프린터에 장착시켜 사용한다. 재검표에서 나온 문제의 화살표 사전투표지는 화살표가 남아 있는 채로 프린터가 아니라 인쇄가 된 투표지였다.

문제는 화살표 스티커가 붙어 있는 것이 아니라 인쇄되어 있다는 점이다. 이것은 투표지 이미지의 이미지 파일을 이용해 사전투표지를 모처에서 인쇄했음을 말한다. 결국 이미지 파일에 접근할 수 있는 권한을 가진 사람이 투표지를 제3의 장소에서 인쇄해 기존의 투표지를 바꿔치기했다는 것으로 해석할 수밖에 없다. 사전투표지는 프린터물이어야지 인쇄물이 될 수는 없는 일이다.

부산, 인천도 예외 없이 조작

그렇다면 부산은 또 어떤가? 특정 후보의 동 단위 득표수는 투표소 단위의 득표수를 합한 것이다. 동 단위 득표수 분석을 통해 투표소 단위에서 사전투표 조작이 어떻게 일어났는지를 파악하는 일은 어렵지 않다.

부정선거는 절대 없다고 선관위 대변인처럼 외치는 해운대구갑(하태경 후보)의 지역구는 10개 동과 60개 투표소로 이뤄진다. 재야 전문가의 분석을 통해 해운대구갑을 구성하는 10개 동에서 얼마만큼의 득표수 조작, 즉 증감 작업이 있었는지를 정확하게 찾아낼 수

〈2-10〉 4·15 총선(부산 해운대구갑/하태경 후보), 동 단위 사전투표 조작

선거구명	읍면동명	구분	후보자별			20%				
						조작값	조작값	유영민	하태경	한근형
			더불어민주당	미래통합당	우리공화당	30.0%	30.0%	-	-	- 0.30
			유영민	하태경	한근형	하태경	한근형	41,818.30	86,672.00	1,626.70
해운대구갑	합계		49,633	78,971	1,513	7,701	114	41,818	86,672	1,626
	거소·선상투표		156	230	9	69.00	2.70	84	299	12
	관외사전투표		4,998	5,733	87	1,719.90	26.10	3,252	7,453	113
	국외부재자투표		126	76	2	22.80	0.60	103	99	3
	국외부재자투표(공관)		4	3	1	0.90	0.30	3	4	1
	우제1동	계	3,841	7,280	164			3,321	7,790	174
	우제1동	관내사전투표	1,355	1,700	33	510.00	9.90	835	2,210	43
	우제1동	선거일투표	2,486	5,580	131			2,486	5,580	131
	우제2동	계	5,765	10,670	150			4,988	11,441	156
	우제2동	관내사전투표	2,064	2,571	20	771.30	6.00	1,287	3,342	26
	우제2동	선거일투표	3,701	8,099	130			3,701	8,099	130
	우제3동	계	4,084	11,124	145			3,115	12,084	154
	우제3동	관내사전투표	1,806	3,200	29	960.00	8.70	837	4,160	38

있다.

해운대구갑의 경우 하태경은 거소투표, 관외사전투표 그리고 동별 관내사전투표에서 자신이 받은 사전투표 득표수 가운데 30%씩을 빼앗겼다. 총 7,701표를 빼앗겼는데 거소투표, 관외사전투표 그리고 10개 동의 관내사전투표에서 단 한 곳도 예외 없이 모두 30%를 빼앗겼다. 단 한 곳도 예외가 없다는 이야기를 달리 말하면, 60개 투표소에서도 단 한 곳도 예외 없이 기계적으로 30%를 빼앗겼다는 것을 말한다.

〈2-10〉에서 왼쪽은 선관위 발표 후보별 득표수, 중간은 하태경이 빼앗긴 득표수, 그리고 오른쪽은 사전투표 증감 작업을 제거한 진짜 후보별 득표수를 말한다. 이처럼 빼앗긴 득표수를 찾아낼 수 있다는 것은 곧바로 선관위 발표 후보별 득표수가 일정한 규칙에 따라 '만들어진 숫자'임을 뜻한다. 만들어진 숫자가 아니면 이처럼 동별로 훔친 득표수를 찾는 일은 애당초 불가능한 일이다.

국회의원 하는 사람들이라면 초등학생 학력 이상은 모두 갖고 있다. 그들이 자신의 선거에서 어떤 일이 일어났는지를 모를 리가 없다. 그러나 그들은 자신의 정치적 경력관리를 위해 선관위의 눈치를 볼 수밖에 없고, 결국 반복되는 사전투표 조작에 입을 다물고 있는 참담한 상황이 이 땅에서 일어나고 있다. 정말 선거가 선거가 아니라 사기라고밖에 부를 수 없다.

인천도 마찬가지다. 대법관들의 엉터리 판결로 결국 원고 측 소송이 기각된 인천 연수을(민경욱 후보)의 경우에는 7개 동에 속한 53개 투표소로 구성된다. 민경욱과 이정미는 각각 자신이 받은 사전투표 득표수 가운데 20%를 빼앗겼다. 거소투표, 관외사전투표는 물

〈2-11〉 4·15 총선(인천 연수을/민경욱 후보), 동 단위 사전투표 조작

선거구명	읍면동명	구분	후보자별 득표수			20% 조작값	조작값	정일영	민경욱	이정미
			더불어민주당	미래통합당	정의당	20.0%	20.0%	-	- 1.00	- 1.20
			정일영	민경욱	이정미	민경욱	이정미	48,123.60	53,109.00	24,717.40
연수구을	합계		52,806	49,913	23,231	3,196	1,486	48,124	53,108	24,716
	거소·선상투표		134	119	43	23.80	8.60	102	143	52
	관외사전투표		6,185	4,460	2,073	892.00	414.60	4,878	5,352	2,488
	국외부재자투표		111	60	19	12.00	3.80	95	72	23
	국외부재자투표(공관)		4	6	1	1.20	0.20	3	7	1
	옥련1동	계	3,823	4,041	1,321			3,575	4,230	1,380
	옥련1동	관내사전투표	1,139	943	297	188.60	59.40	891	1,132	356
	옥련1동	선거일투표	2,684	3,098	1,024			2,684	3,098	1,024
	동춘1동	계	5,847	5,096	2,231			5,524	5,321	2,329
	동춘1동	관내사전투표	1,751	1,126	488	225.20	97.60	1,428	1,351	586
	동춘1동	선거일투표	4,096	3,970	1,743			4,096	3,970	1,743
	동춘2동	계	4,882	3,876	1,777			4,513	4,130	1,892
	동춘2동	관내사전투표	2,013	1,269	575	253.80	115.00	1,644	1,523	690

론이고 7개 동에선 단 한 곳도 예외 없이 20%씩을 빼앗겼다. 민경욱과 이정미가 빼앗긴 사전투표 득표수는 각각 3,196표와 1,486표이다.

동 단위별로 어김없이 사전투표 득표수를 빼앗긴 것은 곧바로 53개 투표소에서도 똑같은 일이 일어났음을 뜻한다. 민주당 후보는 동 단위로 보면 7:0, 그리고 투표소 단위로 보면 53:0이라는 불가능한 승률로 사전투표에서 승리하였다. 53:0의 승률은 53개 투표소에서 민주당 후보 사전투표 득표율이 당일투표 득표율보다 큰 것을 뜻한다. 전산조작의 핵심은 기계적이라는 점이다. 조작값을 입력하면 투표소 단위에서 인정사정 봐주지 않고 모두 조작한다. 그 때문에 이처럼 정확하게 조작값과 조작규모를 찾아낼 수 있다.

박영아, 박성현 교수의 지적

동 단위에서의 사전투표 조작, 투표소 단위에서의 사전투표 조작을 일찍 지적한 사람은 18대 국회의원을 지낸 박영아 명지대학교 물리학과 교수(미국 펜실베이니아대학 물리학 박사)이다.

박 교수가 초기에 지적한 것은 4·15 총선뿐만 아니라 2017 대선부터 2022 지방선거에 이르기까지 대한민국 선거사기의 실체를 담아낸 주장이다. 2020년 4월 23일 박영아 교수가 페이스북에 올린 내용을 기초로 약간의 해석을 더하면 다음과 같다.

서울 49개 지역구를 구성하는 424개 동에서 더불어민주당 후보의 차이값(사전투표 득표율-당일투표 득표율)은 모두 12% 근처에 모여 있고, 미래통합당 후보의 차이값은 모두 -12% 근처에 모여 있다. 이 같은 현상은 사전투표 득표수를 한쪽에서 빼앗고 다른 한쪽에 더해주는 것과 같은 인위적인 조작이 없이는 일어날 수 없는 일이다.

정상적인 경우라면 민주당 후보의 차이값은 0값을 중심으로 플러스 값도 있고 마이너스 값도 있어야 한다. 그러니까 민주당 후보의 차이값이나 통합당 후보의 차이값은 모두 0값을 중심으로 플러스와 마이너스에 골고루 종모양으로 분포되어 있어야 한다. 0값을 중심으로 플러스와 마이너스 종모양처럼 분포된 커브를 흔히 정규 분포곡선이라고 부른다.

그런데 4·15 총선에서 일어난 기이한 현상은 0값을 중심으로 민주당 후보는 12% 근처로 이동되어 분포되어 있고, 통합당 후보는 -12% 근처로 이동되어 분포돼 있다. 이것은 통계적으로 일어날 수 없는 일이다. 이처럼 민주당 후보가 플러스 쪽에만 있을 확률은 1/2, 즉 0.5이다. 이런 경우가 서울에서만 연속 발생했기 때문에 그 확률은 2의 424승 분의 1이다. 서울의 경우 투표소는 2,252개다. 투표소 레벨에서 동과 같은 현상이 발생하였다. 그 확률은 2의 2,252승 분의 1이다.

이 같은 현상이 일어날 수 없는 일이라는 점에 대한 박영아 교수의 설명은 더 구체적이고 생생하다.

"수학에서는 이러한 것을 미소(微小)량이라고 한다. 얼마나 작은 확률인지 보기 위해 예를 들어보자. 우주의 나이 138억 광년이 영원처럼 길게 생각되겠지만, 초 단위로 표현하면 10의 18승이다.

동전 1,000개를 던져서 모두가 앞면이 나오는 경우를 보기 위해 1초에 한 번씩 동전 1,000개를 던지는 실험을 해보자. 우주의 나이 동안 계속 던져도 그 확률이 10의 283승 분의 1이라는 이야기다. 여기서 283은 지수인 301에서 18을 뺀 숫자다. 한마디로 실현 불가능한 확률인 것이다.

그런데 이렇게 통계적으로 불가능한 일이 2020년 4·15 총선에서 일어난 것이다!

이런 정도의 사건이 현실 세계에서 일어나는 것을 보는 것은 불가능하다. 인위적인 개입이나 작동이 있었다고 통계학적으로 설명할 수밖에 없다."

한편 박성현 서울대학교 통계학과 명예교수 역시 2020년 5월 18일 《미래한국》에 기고한 "4·15 총선 결과의 통계적 특이점들"에 대해 이렇게 주장한다.

"20대(2016 총선)에서는 사전투표와 당일투표의 득표율 차가 서울시 49개 지역구에서 민주당은 평균 약 3%이고 새누리당은 약 3%이므로 양당 후보의 평균 격차는 6% 정도였다. 이 정도는 충분히 통계적으로도 발생할 수 있는 격차이다.

그러나 21대(2020 총선)에서는 이 차가 민주당은 모두 마이너스(사전투표 득표율이 당일투표 득표율보다 큼)를 크게 기록(-16~-10%)하면서 평균 약 12%를 기록했다. 반면 통합당은 모두 플러스를 크게 기록하면서 평균 약 12%를 보였다.

따라서 양당 후보의 평균 격차는 24% 정도로 엄청난 수치다. 여기서 통계적으로 기이한 현상이라고 볼 수 있는 것은 49개의 모든 지역구에서 동일한 패턴을 보이면서 차이가 났고 그 차이가 매우 유사하게 민주당은 마이너스를, 통합당은 플러스를 보이고 있다. 통계적으로 기이한 현상은 모든 424개 동에서 민주당의 사전득표율이 당일득표율보다 크다는 것이고 그 표준편차도 매우 작다는 것이다. 424개 동들의 특색이 있을 것인데 이런 일률적인 결과가 도출된 것은 통계적으로 이해하기 어려운 대목이다."

동 단위에서, 이렇게 훔쳤다

지금부터 투표소 단위에서 특정 후보의 사전투표 득표수 가운데 일정 퍼센트를 옮기는 작업을 구체적으로 밝히려 한다. 투표소 단위를 갖고 설명하는 것이 옳지만, 너무 자료가 많고 복잡하기 때문에 작업 편의를 위해 동 단위의 사전투표 득표수 이동을 갖고 설명한다. 동 단위의 사전투표 득표수 이동은 산하의 투표소 단위의 사전투표 득표수 이동을 합한 것이기 때문에 투표소 단위의 조작을 설명하는 데 전혀 문제가 없다. 우선 3·9 대선 종로구 선거를 살펴본다.

첫째, 선관위가 발표한 종로구 후보별 사전투표 득표수는 동 단위의 후보별 당일투표(선거일투표)를 제외한 모든 후보별 사전투표 득표수(A)는 손을 댄 숫자들이다.

둘째, 선관위 발표 후보별 사전 및 당일투표 득표수로 구한 차이값은 이재명(+13.5%)과 윤석열(-12.4%)로 계산된다. 이는 정상 투표에서는 나올 수 없는 이례적으로 큰 차이값이다. 즉 윤석열의 동별(혹은 투표소별) 사전투표 득표수 가운데 일정 득표수를 빼앗아서 전산적으로 이재명에게 더해준 결과로 볼 수 있다.

셋째, 선관위 발표 자료에서 구한 차이값이 오차범위(0~3%)까지 나오도록 다양한 조작값을 입력한 결과 최종적으로 "딩동댕! 조작값은 30%입니다"라는 답을 얻어냈다. 조작값이 30%임을 찾아낸 상태에서 후보별 차이값은 이재명(-0.5%), 윤석열(+0.7%)로 오차범위 내에 있다.

넷째, 윤석열과 심상정이 동 단위에서 얻은 사전투표 득표수 가운데 각각 30%를 빼앗기는 작업은 재야 전문가의 컴퓨터 작업(B)을

〈2–12〉 3·9 대선 종로구 사전투표 동 단위 조작

		A			B			C		
					조작값			이재명	윤석열	심상정
읍면동명	투표구명	더불어민주당	국민의 힘	정의당	0.0%	30.0%	30.0%	- 21	- 17	- 2
		이재명	윤석열	심상정	이재명	윤석열	심상정	38,562	56,275	3,580
합계		46,130	49,172	3,115	-	7,103	465	38,541	56,258	3,578
거소·선상투표		82	85	4	-	25.50	1.20	55	111	5
관외사전투표		6,416	5,972	434	-	1,791.60	130.20	4,494	7,764	564
재외투표		739	541	56	-	162.30	16.80	560	703	73
재외투표(공관)		83	79	6		23.70	1.80	58	103	8
청운효자동	소계	3,150	3,137	237				2,759	3,503	261
	관내사전투표	1,758	1,221	81		366.30	24.30	1,367	1,587	105
	선거일 투표	1392	1916	156				1,392	1,916	156
사직동	소계	2,260	3,282	212				1,857	3,660	237
	관내사전투표	1,360	1,259	83		377.70	24.90	957	1,637	108
	선거일 투표	900	2,023	129				900	2,023	129
삼청동	소계	591	767	51				494	857	59
	관내사전투표	376	299	25		89.70	7.50	279	389	33
	선거일 투표	215	468	26				215	468	26
부암동	소계	2,496	2,731	154				2,178	3,032	171
	관내사전투표	1,283	1,002	57		300.60	17.10	965	1,303	74
	선거일 투표	1213	1729	97				1,213	1,729	97

통해 다음과 같이 계산된다.

종로구에는 17개 동과 60개의 투표소가 있지만, 설명을 쉽게 하기 위해 4개 동만을 선택하였다. B를 보면 선거사기범들이 관외사전투표와 재외투표, 그리고 4개 동의 관내사전투표에서 얼마나 표를 훔쳤는가를 쉽게 확인할 수 있다.

다섯째, 선거조작범들은 윤석열에게서 총 7,102.50표를 훔쳤다. 반올림 처리를 해서 7,103표를 이재명에게로 이동시켰다. 또한 심상정으로부터는 총 465.30표, 반올림 처리해서 465표를 이재명에게로 이동시켰다.

결과적으로 이재명이 3·9 대선 종로구에서 윤석열과 심상정에게 빼앗은 표는 총 7,568표이다. 이만큼을 윤석열과 심상정에게서 빼앗음과 동시에 같은 수만큼을 이재명에게 더해주었기 때문에 실제로 조작한 사전투표 득표수는 2배인 15,136표가 된다.

참고로 윤석열은 3·9 대선 종로구의 사전투표에서 2만 3,678표를 얻었다. 윤석열은 사전투표 득표수의 30%(7,103표)를 이재명에게 빼앗겼다. 이것은 윤석열이 3·9 대선 종로구에서 얻은 총득표수 가운데 12.89%를 빼앗겼음을 뜻한다.

동 단위별로 알뜰하게 훔쳤다

전산조작을 통해 윤석열이 얻은 표(A)로부터 얼마만큼의 표를 훔쳤는가는 윤석열 득표수 자료(B)에서 확인할 수 있다. 위로부터 아래로 차근차근 설명하면 다음과 같다.

첫째, 윤석열이 거소선상투표에서 얻은 85표 가운데 25.50표(26표)를 훔쳤다. 윤석열이 관외사전투표(우편투표)에서 얻은 5,972표 가운데 1,791.60표(1,792표)를 빼앗았다. 윤석열이 얻은 재외(국민)투표 541표 가운데 162.30표(162표)를 이재명에게로 이동시켰다. 윤석열이 얻은 재외투표(공관) 79표 가운데 23.70표(24표)가 전산조작을 통해 이재명에게로 넘어갔다. 전산조작은 명령어에 따라 알뜰하게 모든 사전투표 득표수 가운데 일정 부분을 빼앗아서 이재명에게 더해주었음을 알 수 있다.

둘째, 전산조작에서 동별 선거일투표(당일투표)에는 일절 손을 대지 않았다. 따라서 윤석열과 심상정의 당일투표는 조작 이전과 이후에 변함이 없다.

셋째, 동별 혹은 투표소별로 관내사전투표는 동일한 조작값을 적용해서 윤석열과 심상정을 표를 빼앗아 이재명에게 넘기는 전산조작이 체계적으로 실행에 옮겨졌다. 전산조작의 특징은 무자비하고, 예외 없이 명령어가 주어지면 그대로 수행된다는 점이다. 전산조작범들이 입력한 조작값 30%라는 명령어가 조작 프로그램에 입력되면서 표를 빼앗아 더하는 작업이 실행에 옮겨지게 된다.

넷째, 청운효자동에서 윤석열이 얻은 관내사전투표 득표수는 1,221표이다. 여기서 윤석열이 빼앗긴 관내사전투표 득표수는 30%에 해당하는 366.30표(366표)다. 이만큼 고스란히 이재명에게로 넘어가서 더해지게 된다.

사직동에서 윤석열이 얻은 관내사전투표 득표수는 1,259표이다. 여기서도 어김없이 윤석열은 30%에 해당하는 377.70표(378표)를 빼앗긴다. 삼청동에서 윤석열은 관내사전투표에서 299표를 얻었다. 이것의 30%에 해당하는 89.70표(90표)가 전산조작을 통해 이재명에게로 넘어가게 된다.

부암동의 경우도 윤석열이 얻은 관내사전투표 득표수 1,002표 가운데 30%인 300.60표(301표)가 이재명에게로 넘어가게 된다. 똑같은 방법이 심상정에게도 그대로 적용되었다. 심상정이 부암동에서 얻은 관내사전투표 득표수 57표 가운데 30%인 17.10표(17표)가 이재명에게 더해지게 된다.

3·9 대선은 물론이고 2017 대선으로부터 시작해서 2022 지방선거에 이르기까지 대한민국의 모든 공직선거는 지금까지 설명한 것과 같은 방식으로 후보별 사전투표 득표가 조작되었다. 동 단위별로, 투표소 단위별로 어김없이 조작값에 맞춘 득표수가 특정 후보로부터 또 다른 후보에게로 이동되었다.

가짜 득표수, 진짜 득표수

대한민국 공직선거에서 조직적으로 실행에 옮겨진 선거사기 수법의 핵심은 선거사무를 담당하는 자들이 조작된 사전투표 득표수를 만들어서 활용했다는 점이다. 사전투표 득표수를 만들었다는 이야기는 곧바로 당락의 기준이 되는 후보별 총득표수(사전+당일)를 제조한 것을 의미한다. 이것은 묵과할 수도, 용서할 수도 없는 민주공화국을 무너뜨린 범죄다.

이 같은 용서할 수 없는 거대한 악에 침묵하는 신임 대통령을 어떻게 대통령이라 부를 수 있는가? 그 강심장과 양심불량에 고개를 절레절레 저을 수밖에 없다. 사실 동네 깡패나 조폭, 그리고 양아치들조차 자기 기준으로 봤을 때 말이 안 되는 짓거리에 대해서는 항의하고 나선다. 대통령, 법무장관, 검찰총장, 국회의원, 대법관들이 다 마찬가지라고 본다. 이런 점에서 보면 대한민국은 거의 도덕적으로나, 윤리적으로, 양심적으로, 그리로 법적으로 사망 상태에 있다고 본다.

2017 대선 이후 선관위가 당락의 기준으로 활용한 모든 후보별 사전투표 득표수와 총득표수는 조작된 가짜 득표수다. 그들은 자신의 입맛에 맞도록 전산 프로그램을 돌려 득표수를 만들어서 발표하였다. 그들은 마치 주물럭 등심처럼 자기들 마음대로 선거 결과를 주물렀다. 그런 사악한 행위가 재야 전문가의 치밀한 분석을 통해 세상에 낱낱이 공개되었다.

3·9 대선 종로구 사전투표 동 단위 조작에서 A는 만들어진 득표수, 조작된 득표수, 전산 프로그램이 제조한 득표수다. 재야 전문가

는 정상 투표에서 도저히 용인할 수 없는 차이값을 정상 투표의 차이값까지 낮추는 방식을 통해 조작값을 찾아냈고 동시에 동별로 도둑질 당한 표수를 계산해냈다.

이를 바탕으로 우리는 진짜 사전투표 득표수(C)를 복원해낼 수 있다. 그러니까 전산 프로그램이 가동되어 윤석열과 심상정의 표를 도둑질하기 이전 상태를 고스란히 복원해낼 수 있게 되었다.

한편 조작값을 매개로 해서 진짜 사전투표 득표수(C)로부터 조작된 가짜 사전투표 득표수(A)도 고스란히 복원해낼 수 있다. 지금부터 진짜와 가짜 득표수에 대해 설명한다. 우선 이재명을 중심으로 설명한다.

첫째, 선관위는 거소선상투표에서 이재명이 82표를 얻었다고 발표하였다. 그러나 그가 얻은 진짜 거소선상투표 득표수는 55표에 지나지 않았다. 선관위가 발표한 이재명의 거소선상투표 득표수(82표)에는 윤석열에게서 빼앗은 26표(25.50표)와 심상정에게서 빼앗은 1표(1.20표)가 포함되어 있다. 선관위 발표 이재명 거소선상투표 득표수는 이재명에게 무려 27표를 더해서 만든 득표수다. 선관위가 이처럼 사전투표 득표수를 만들어서 발표했다는 것이 핵심 중에 핵심이다.

둘째, 선관위가 발표한 이재명의 관외사전투표 득표수 6,416표는 손을 댄 것이다. 이 득표수에는 윤석열에게서 빼앗은 1,792표(1,791.60표)와 심상정에게서 꿀꺽 삼킨 130표(130.20표)가 들어 있다. 선관위 발표 이재명 관외사전투표(우편투표) 득표수는 이재명에게 무려 1,922표를 얹어주었다. 이처럼 말도 되지 않는 짓거리가 고스란히 드러난 것이 바로 선관위가 발표한 선거 데이터다. 그들은 선거가 끝난 이후 "이제 다 이루었다"라고 고함쳤을지 모르지만, 이렇게 선거조작범들이 저지른 범죄가 드러나게 되었다.

셋째, 선관위는 재외투표에서 이재명이 739표를 받았다고 발표했지만, 이 역시 가짜 숫자다. 이재명은 560표밖에 받지 못했다. 이재명의 739표에는 윤석열과 심상정에게서 각각 도둑질한 162표(162.30표)와 17표(16.80표)가 포함되어 있다.

넷째, 선관위 발표 관내사전투표 득표수는 사전투표 조작의 하이라이트다. 그만큼 조작규모 면에서 관내사전투표가 가장 큰 몫을 차지한다.

청운효자동의 경우 선관위는 이재명의 관내사전투표 득표수가 1,758표라고 발표하였다. 그러나 이재명이 진짜로 받은 득표수는 1,367표에 지나지 않았다. 전산업무를 담당한 자들은 이재명이 원래 얻은 득표수에다 윤석열과 심상정에게서 각각 훔친 366표(366.20표)와 24표(24.30표)를 더해주었다. 전산조작의 가공할 능력에 힘입어 이재명의 청운효자동 관내사전투표 득표수는 1,367표에서 1,758표로 뻥튀기가 되는 기이한 일이 벌어지고 말았다. 조작된 표수를 반올림 처리하는 과정에서 한 표 차이가 발생한 경우다.

사직동의 경우 선관위는 이재명의 관내사전투표 득표수가 1,360표라고 발표하였다. 그러나 이재명이 진짜로 받은 득표수는 957표에 지나지 않았다. 이재명이 원래 얻은 득표수에다 윤석열과 심상정에게서 각각 빼앗은 378표(377.70표)와 25표(24.90표)를 더해주었다. 전산조작의 막강한 능력에 힘입어 이재명의 사직동 관내사전투표 득표수는 957표에서 1,360표 불어나는 괴상한 일이 벌어지고 말았다.

삼청동도 마찬가지다. 선관위가 공식적으로 발표한 이재명의 관내사전투표 득표수 376표는 정상 투표를 통해 얻은 결과가 아니다. 이재명은 원래 279표를 얻었지만, 전산조작을 통해 윤석열과 심상정에게서 각각 훔친 90표(89.70표)와 8표(7.50표)가 고스란히 이재명의 득표수에 더해졌다. 반올림 처리 과정에 한 표 차이가 발생한 경우에 해당한다.

부암동의 관내사전투표에서 이재명은 원래 965표를 받았지만, 전산조작에 의해 윤석열과 심상정에게 빼앗은 표가 더해지면서 1,283표로 득표수가 늘어나게 된다. 윤석열과 심상정이 각각 받은 동 단위의 사전투표 득표의 30%는 301표(300.60표)와 17표(17.10표)이다. 원래의 965표에다 318표가 더해져 선관위 발표 득표수 1,283표가 나온다.

조작값이란 비밀병기

윤석열의 경우에도 똑같은 설명이 가능하다. 관외사전투표의 경우 선관위가 발표한 윤석열 관외사전투표 득표수 5,972표는 전산조작에 의해 빼앗긴 표가 반영된 숫자다. 전산조작이 실행되기 이전 윤석열이 관외사전투표에서 얻은 득표수는 7,764표였다. 30%인 1,792표(1,791.60표)를 전산 프로그램 조작에 의해 빼앗겼다. 실제로 7,764표를 받은 후보가 선관위 발표에는 5,972표를 받은 것으로 나와 있다. 이렇게 엿장수 마음대로 조작값을 집어넣기만 하면 얼마든지 선관위 발표 후보별 득표수는 달라지게 된다.

청운효자동의 관내사전투표에서도 마찬가지의 일이 일어났다. 전산조작이 실행되기 이전에 윤석열의 청운효자동 관내사전투표 득표수는 1,587표였다. 366표(366.30표)가 전산조작으로 이재명에게로 고스란히 넘어간다. 선거사기가 일어나기 이전에 1,587표를 받은 윤석열의 득표수는 선관위 발표에 따르면 1,221표로 쪼그라들고 만다.

역대 공직선거에서 가장 화끈하게 조작한 선거가 2020년 4·15 총선이고, 이 선거 가운데서도 종로구 선거가 조작이 가장 심했던 곳 가운데 하나다. 민주당 내부에서 유력한 대권주자로 손꼽혔던 이낙연 후보의 당선을 확실하도록 만들기 위해 조작 작업이 절실한 지역이었다. 이낙연 후보를 제외한 황교안을 비롯한 10명 후보에게서 각자가 받은 사전투표 득표수 가운데 45%를 빼앗아 전산 프로그램

〈2-13〉 4·15 총선 종로구 사전투표 동 단위 조작

		A			B			C		
읍면동명	구분				조작값	조작값	조작값	이낙연	황교안	한민호
		더불어민주당	미래통합당	우리공화당	0.0%	45.0%	45.0%	- 17	- 3	-
		이낙연	황교안	한민호	이낙연	황교안	한민호	47,821.70	44,392	473
합계		54,902	37,594	417	-	6,798	56	47,805	44,389	473
거소·선상투표		135	81	1	-	36.45	0.45	94	117	1
관외사전투표		6,472	3,169	31	-	1,426.05	13.95	4,964	4,595	45
국외부재자투표		232	80	1	-	36.00	0.45	194	116	1
청운효자동	계	4,151	2,690	22				3,740	3,085	24
청운효자동	관내사전투표	2,253	878	5		395.10	2.25	1,842	1,273	7
청운효자동	선거일투표	1,898	1,812	17				1,898	1,812	17
사직동	계	2,620	2,682	32				2,154	3,135	36
사직동	관내사전투표	1,502	1,007	9		453.15	4.05	1,036	1,460	13
사직동	선거일투표	1,118	1,675	23				1,118	1,675	23
삼청동	계	832	632	9				720	741	9
삼청동	관내사전투표	489	243	1		109.35	0.45	377	352	1
삼청동	선거일투표	343	389	8				343	389	8
부암동	계	3,101	2,340	38				2,776	2,657	41
부암동	관내사전투표	1,405	705	6		317.25	2.70	1,080	1,022	9
부암동	선거일투표	1,696	1,635	32				1,696	1,635	32

을 이용해서 이낙연 후보에게 더한 경우다. 황교안 6,798표를 포함한 10명 후보에게서 총 7,080표를 빼앗아서 이낙연 후보에게 더한 선거였다. 이동한 총득표수는 1만 4,160표이다.

3·9 대선과 마찬가지로 4·15 총선에서도 동 단위(투표소 단위마다) 사전투표 전산조작이 어떻게 이루어졌는지를 밝히는 일은 쉽다. 여러분께서는 복습한다고 생각하시고, A(선관위 발표 자료, 전산조작 실행 이후), B(조작값 발견), C(재야 전문가 추정 자료, 전산조작 실행 이전)를 〈2-12〉에서와 같이 하나하나 따져보길 권하고 싶다. 복습이 끝나면 확실히 선거조작범들이 어떤 식으로 공직선거를 모두 요리해서 잘 해먹었는지를 알 수 있게 될 것이다.

첫째, 거소선상투표, 관외사전투표(우편투표), 국외부재자투표, 청운효자동 관내사전투표, 사직동 관내사전투표 등의 순서로 동별 조작값 적용 이후에 황교안, 한민호 후보 등이 빼앗긴 동별 득표수(B)를 확인한다. 예를 들어 황교안 후보의 경우 청운효자동 395.10표, 사직동 453.15표, 삼청동 109.35표 등을 빼앗겼다.

둘째, 선관위 발표 후보별 사전투표 득표수(A)로부터 조작값(B)을 적용해서 조작 프로그램이 적용되지 않은 후보별 진짜 사전투표 득표수(C)를 복원해보길 권한다. 예를 들어 황교안 후보의 진짜 관내사전투표 득표수는 청운효자동 1,273표, 사직동 1,460표, 삼청동 352표 등이다.

셋째, 사전투표 득표수를 도둑질하기 이전 상태(C)로부터 조작값을 적용해서 선관위 발표 후보별 득표수(A)를 복원해보길 바란다. 예를 들어 가짜 관내사전투표 득표수는 황교안의 경우 청운효자동 878표, 사직동 1,007표, 삼청동 243표 등이다.

넷째, 선관위가 발표한 후보별 사전투표 득표수(A)는 전산 프로그램에 의해 득표수 증감 행위가 이루어진 상태다. 또한 선관위 발표 후보별 사전투표 득표수(A)는 조작값의 발견으로 조작이 이루어지지 않은 상태의 후보별 사전투표 득표수(C)로부터 복원이 가능하다.

숨길 수 없는 사실

선거사기범들은 후보별 사전투표 득표수에 손을 대더라도 사람들을 감쪽같이 속일 수 있을 것으로 봤을 것이다. 그냥 선거 결과를 발표하고 나면 그만일 것으로 믿어 의심치 않았을 것이다. 그런데 크게 걸려들고 말았다. 증거물이란 것이 그들이 제조한 후보별 사전투표 득표수이기 때문이다.

우리는 지금까지 아주 세밀한 부분까지 살펴봤다. 동 단위에서 혹은 투표소 단위에서 얼마만큼의 표를 이동시켰는지까지 말이다. 무엇보다도 재야 전문가가 기여한 업적 가운데서도 조작값을 찾아내는 것은 대단히 창발적이다. 특정 후보의 차이값(사전투표 득표율-당일투표 득표율)이 오차범위(0~3%)를 벗어나 이례적으로 큰 숫자인 경우에 얼마만큼 표를 도둑질했는지를 찾아낸 방법은 크게 칭찬받아 마땅하다.

차이값(사전-당일)이 오차범위는 물론이고 가장 근소한 값에 접근한 상태를 전산조작에 의한 부정선거가 존재하지 않는다고 보고, 이를 컴퓨터 시뮬레이션으로 찾아내는 일은 대단히 창발적이다. 이 방법을 활용해서 2016 총선은 물론이고 2017 대선 이후 대한민국의 모든 공직선거의 조작값을 찾아내는 일이 가능하였다.

사전투표 조작의 실체를 조금 다른 시각으로 접근해볼 수도 있다. 2022년 6·1 지방선거는 윤석열 정부가 등장하고 나서 치러진 첫 선거였다. 〈2-14〉는 6·1 지방선거의 17개 도지사 선거의 차이값1(관외사전투표-당일투표 득표율)이고, 〈2-15〉는 차이값2(관내사전투표-당일투표 득표율)이다.

민주당 후보는 0값으로부터 멀찌감치 떨어진 +7.3%에 위치해 있다. 정상 투표였다면 0값 혹은 0에 아주 가까운 곳에 차이값의 평균치가 위치해 있었을 것이다. 이처럼 선관위가 발표한 선거 데이터를 갖고 간단한 차이값을 구해보는 것만으로도 사전투표 조작 여부를 쉽게 판단할 수 있다. 민주당 평균값 +7.3%, 국민의힘 평균값 -7.5%

〈2-14〉 2022 지방선거(도지사) 차이값(관외사전-당일)

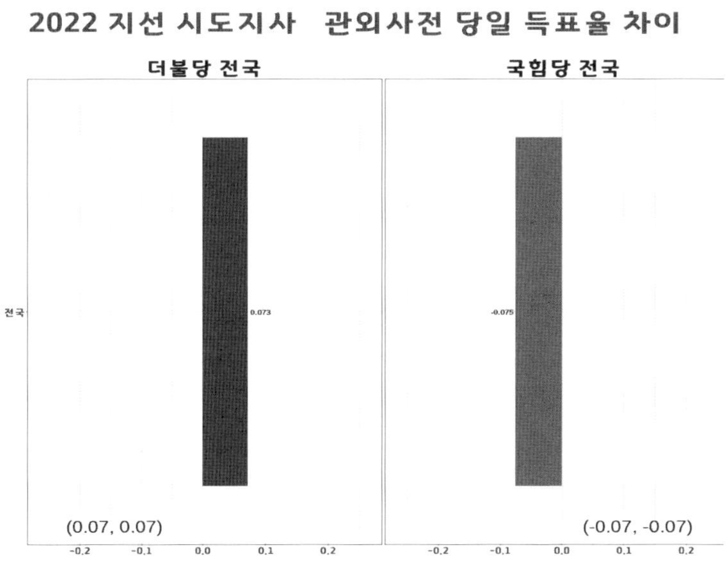

라는 이야기는 오차범위(0~3%)를 벗어난 확실한 사전투표 조작이 있었음을 말해준다.

어김없이 국민의힘 후보에게서 사전투표 득표수를 빼앗아서 고스란히 민주당 후보에게 더하지 않고선 이런 그래프가 나올 수 없다. 대략 추정하면 관외사전투표 참가자수(관외투표 투표자수)의 7.3%에서 7.5%의 2배인 14.6~15%표가 이동하였음을 알 수 있다. 총조작규모는 관외사전투표 투표자수의 14.6~15%라고 본 수 있다. 대통령이 바뀌고 난 다음 이런 짓을 서슴지 않고 할 정도로 대한민국 선거는 타락한 상태다.

민주당 후보의 차이값(관내사전-당일투표 득표율)은 +4.5%이고, 국힘당 후보의 차이값은 -4.2%이다. 대략적으로 관내사전투표 투표

〈2-15〉 2022 지방선거(도지사) 차이값(관내사전-당일)

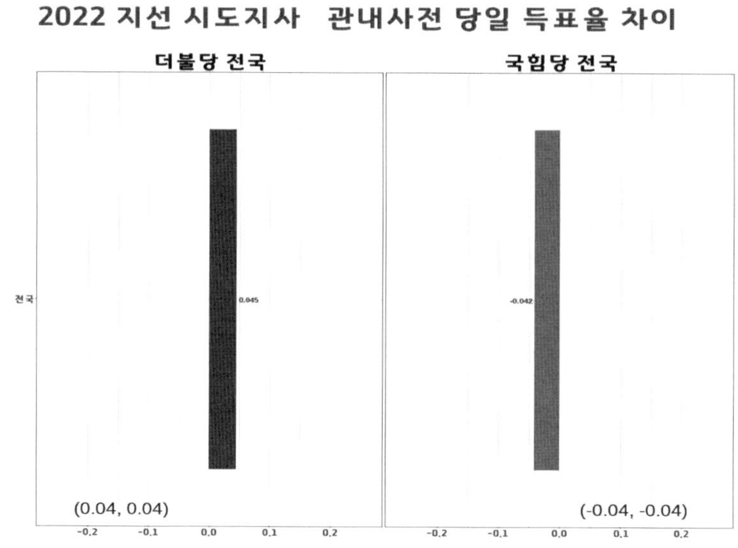

자수의 8.4~9.0%에 해당하는 표가 이동하였음을 알 수 있다. 어김없이 표를 도둑질 당한 대상은 국힘당 후보이고, 표를 공짜로 얻은 후보는 민주당 후보이다. 이처럼 간단한 부정선거 변별법에 눈을 감는 이 나라 지도층 인사들의 양심마비 현상에 심히 우려하지 않을 수 없다.

내친김에 더욱 기막힌 일을 살펴보겠다. 2022년 6·1 지방선거의 충남도지사 선거를 살펴보자. 출마한 후보가 두 사람이기 때문에 조작이 무엇을 의미하는가를 시각적으로 확인할 수 있는 멋진 그래프를 볼 수 있다. 즉 출마한 후보가 두 사람밖에 없기 때문에 우리는 사전투표 조작이란 것이 도대체 어떤 결과를 낳는가를 한눈에 파악할 수 있다.

충청남도의 16개 기초자치단체에서 민주당의 플러스 값과 국민의힘의 마이너스 값이 정확하게 일치한다. 이는 국민의힘 후보에게서 빼앗은 것만큼 그대로 민주당 후보에게 전산조작을 통해 옮겼음을 확인할 수 있다.

예를 들어 청양군의 관내사전투표의 경우 김태흠(국민의힘)은 -4.6%이고 양승조(민주당)는 +4.6%이다. 쉽게 이야기하면 관내사전투표 투표자수의 4.6%만큼의 표를 국민의힘 후보에게서 빼앗아서 그대로 민주당 후보에게 +4.6%만큼 더해주었음을 뜻한다. 총조작규모는 관내사전투표 투표자수의 9.2%이다. 모든 기초자치단체에서 빼앗은 만큼 더해주는 일이 발생하였다.

관외사전투표의 경우도 좌우대칭은 물론이고 민주당의 플러스 값과 국힘당의 마이너스값이 정확히 일치한다. 예산군의 관외사전투표(우편투표)의 경우 국힘당 후보는 -11.7%이고 민주당 후보는

〈2-16〉 2022 지방선거(충남도지사) 차이값(사전-당일)

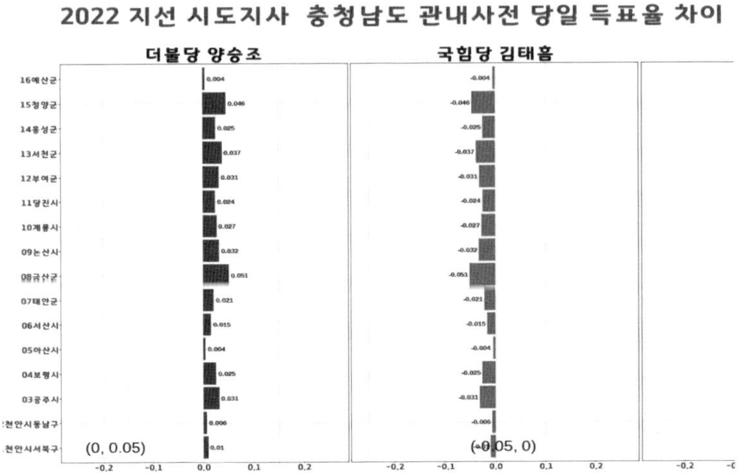

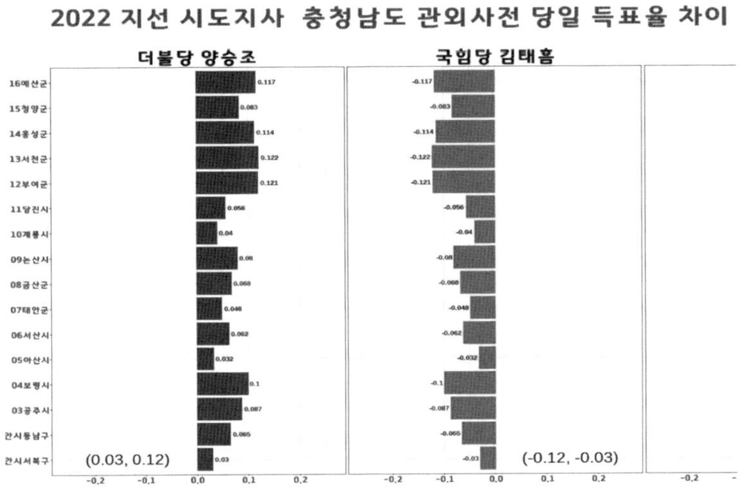

-11.7%이다.

모든 기초자치단체에서 국민의힘 후보에게서 빼앗은 만큼 민주당 후보에게 더해주는 작업이 있었음을 알 수 있다. 이런 짓거리가 윤석열 정부가 등장하고 나서 첫 공직선거에서 일어났다. 눈이 있고, 귀가 있고, 심장이 있고, 머리가 있는 사람이라면 기억해야 한다.

〈2-17〉 2022 지방선거(충북도지사) 차이값(사전-당일)

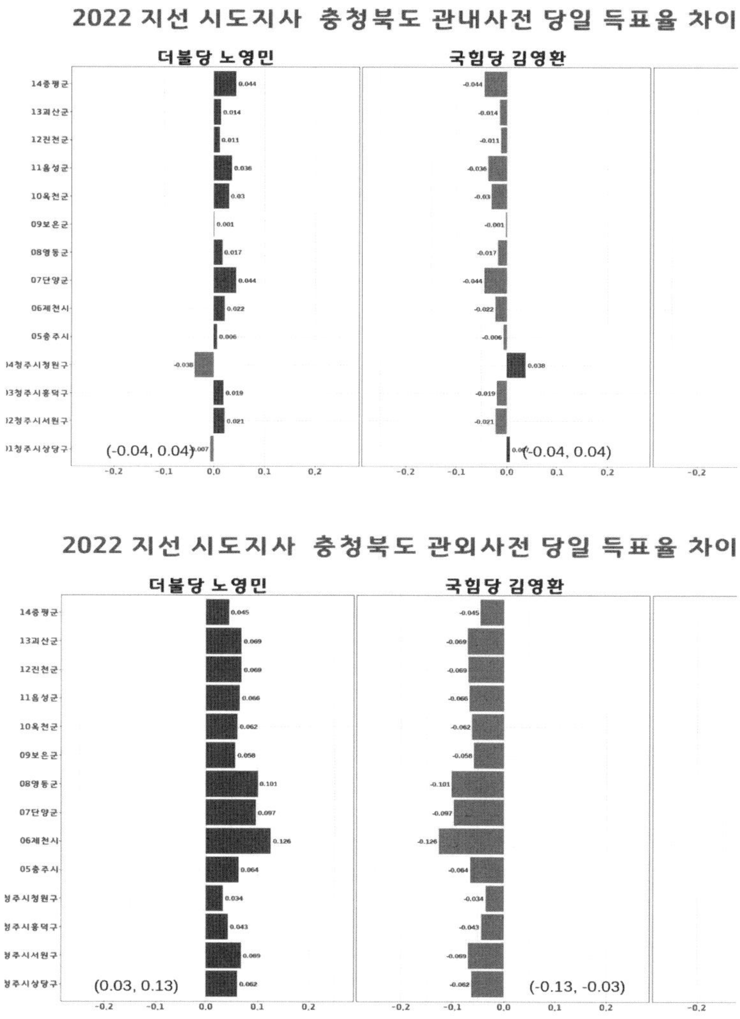

"부정선거는 영원하리." "사전투표 조작은 영원하리." "전산조작은 영원하리."

충남만의 일이 아니다. 청와대 비서실장 출신이었던 노영민이 출마했던 충북도지사 선거도 마찬가지였다. 출마한 후보가 두 사람밖에 없었기 때문에 전산조작에 의한 사전투표 득표수 조작이 너무나 선명하게 드러났다. 도저히 숨길 수 없을 만큼 뚜렷하게 세상에 드러나고 말았다

좌우대칭에다 국힘당 후보가 빼앗긴 것만큼 민주당 후보가 취하였음을 알 수 있다. 관외사전투표의 경우 14개 기초자치단체 가운데 관외사전투표 조작이 가장 심했던 제천시의 경우 김영환 -12.6%, 노영민 +12.6%이다. 어쩌면 이렇게 좌우가 똑같을 수 있을까?

전산조작은 좌우대칭 구조를 요구한다. 총득표수는 변할 수 없기 때문에 빼앗은 득표수 혹은 득표율과 같은 조작이 일어날 수밖에 없다. 2017 대선부터 모든 공직선거를 동일한 방법으로 조작을 해서 권력을 훔쳐온 것이 선거사기의 실상이다.

선거조작범, 은폐하고 싶은 것들

그들이 꽁꽁 숨기고 싶은 것을 깨어 있는 시민들은 소상히 알고 싶다. 여기서는 여러분의 바람대로 4·15 총선 이후 2년 9개월에 전력투구하듯 부정선거 문제를 규명해온 사람으로서 대한민국 선거사기에 대한 전모를 대략 정리한다.

첫째, 2016 총선을 제외한 문재인의 당선을 확정지었던 2017 대선부터 2022 지방선거까지 모든 공직선거의 후보별 득표수는 조작되었다. 단, 예외가 있다면 2020년 4·15 총선의 전남, 전북, 광주광역시의 일부 지역에서는 사전투표 조작이 없었다.

둘째, 2017 대선~2022 지방선거 결과는 사전투표 조작이 없었던 2016 총선과 뚜렷하게 대조된다. 마치 2020년 4·15 총선의 전국 선거 결과가 조작이 실행에 옮겨지지 않았던 전남, 전북, 광주광역시 일부 지역과 뚜렷하게 대비되는 것과 같다.

셋째, 선거사기범들은 주력부대로 전산 프로그램을 활용한 전산조작을 사용하였고, 보조부대로는 실물 위조투표지 투입을 행하였다. 자신들이 사전에 선거 압승 시나리오에 따라 전산조작을 통해 사전투표 득표수와 총득표수를 제조하였지만, 이와 딱 맞아떨어지는 위조투표지 투입은 가능하지 않았다고 본다.

따라서 4·15 총선의 재검표장에 등장하는 투표함 속의 투표지들의 경우 대부분 법원 제출 전에 개표소에 있었던 표를 버리고 통 전체를 바꾸었다고 본다.

넷째, 전산조작과 실물 위조투표지 투입이 동시에 이루어졌다고 보지만, 그들이 가장 심혈을 기울인 것은 전산조작에 의한 후보별 득표수 조작이라고 본다. 비밀이 유지되고, 극소수의 인원만 간여하기 때문에 비밀이 유지될 수 있기 때문이다. 그리고 실물 위조투표지 투입에 비해 발각될 위험이 적고 당락 기준이 되는 득표수 조작에 최선의 방법이기 때문이다.

다섯째, 전산조작에는 선거사무를 담당하는 선관위 관계자들이 관련되었을 수도 있고, 아이디와 패스워드 등의 공유를 통해 외부

인력들이 동원되었을 수도 있다. 내부인이 했건 외부인이 했건 검찰 수사 없이는 정확히 밝혀질 수 없는 일이라고 본다. 그럼에도 불구하고 박찬진 선관위 사무총장을 비롯한 선관위 전산 담당자들의 지휘 라인에 대한 책임을 피할 수는 없다고 본다. 선거 데이터는 중앙선관위의 최종 책임 하에 국민들에게 공표되고 당락 결정에 활용되기 때문이다.

선관위 고위직들, 책임 회피 불가

여섯째, 2017 대선~2022 지방선거까지 사용된 전산조작은 동일한 프로그램을 사용하였다. 선거가 간단한 것처럼 선거조작도 간단하다. 더하기 빼기 정도면 얼마든지 선거조작이 가능하다. 그런 방법을 2017 대선 이후 모든 공직선거에 적용해서 득표수를 조작해왔다.

일곱째, 2022 지방선거는 박찬진(현 사무총장)이 사무차장 겸 사무총장 대행 자격으로 선거를 진두지휘하였다. 이 선거에서 과거의 공직선거와 동일한 선거사기가 발생한 것은 심각한 문제이며, 향후 선거에 시사하는 바가 매우 크다. 선거사기를 뿌리째 뽑으려는 노력이 없다면 대한민국은 부정선거공화국의 지위를 계속 이어갈 수밖에 없을 것으로 전망한다.

여덟째, 선거사무를 담당하는 자들의 필사적인 노력과 법원의 협조로 대부분의 부정선거 증거물들을 인멸하는 데 성공하였다. 그러나 '만들어진 숫자'를 인멸하는 데는 실패하였다. 여기서 '만들어진 숫자'는 중앙선거관리위원회가 당선자와 낙선자를 판별하는 기준으로 사용하는 후보별 득표수 자료이다. 후보별 득표수 자료 가운데서 후보별 당일투표 득표수를 제외한 후보별 사전투표 득표수는 대부분 만들어진 숫자다. 사전투표 득표수가 만들어졌다는 이야기를 달리 표현하면 당락 결정의 기준인 후보별 총득표수가 모두 가짜라는 이야기다.

아홉째, 선관위가 발표한 '만들어진 후보별 득표수'는 정상적인 투표에서 투표자들이 던진 표의 합이 갖는 속성, 즉 자연수, 무작위수의 특성을 갖고 있지 않다. 그 때문에 선관위가 발표한 후보별 득표수에는 뚜렷함 그 이상으로 일정한 규칙과 패턴이 발견되었다. 규칙과 패턴의 발견은 일정한 전산 프로그램을 이용해서 숫자를 만들었음을 뜻한다. 요약하면 선관위 발표 선거 데이터에서 규칙을 찾아낼 수 있다는 것은 전산 프로그램과 같은 일명 '사전투표 득표수 제조공장'이 있음을 뜻한다.

열 번째, 재야 전문가의 헌신적인 노력에 의해 '사전투표 득표수 제조공장', 일명 조작값을 모두 찾아낼 수 있게 되었다. 이 조작값은 2016 총선을 제외한 2017 대선~2022 지방선거까지 거의 모든 선거구에서 찾아낼 수 있었다. 조작값을 찾아낼 수 있다는 것은 중앙선관위가 발표한 후보별 득표수가 모두 전산 프로그램 혹은 연산 프로그램을 이용해서 제조한 것임을 뜻한다.

열한 번째, 선거는 간단한 행위다. 표를 던지고 표를 합산하는 것이다. 그런데 투표자들이 던진 표를 합산하지 않고, 선거사무를 담당하는 자들이 자기들 멋대로 득표수를 만들었다는 이야기는 어마어마한 범죄에 속한다.

열두 번째, 중앙선관위가 발표한 후보별 득표수를 바탕으로 찾아낸 조작값을 활용하면 전산조작이 행해지기 이전 상태의 후보별 득표수를 추정해낼 수 있다. 후보별 진짜 득표수의 복원이 가능하게 된다.

열세 번째, 후보별 진짜 득표수에다 조작값을 적용하면 선관위가 발표한 조작된 후보별 사전투표 득표수의 복원이 가능하다. 숫자를 복원할 수 있다는 것은 선관위 발표 선거 데이터가 자연수가 아님을 뜻한다. 중앙선관위 발표 숫자를 복원할 수 있다는 것은 일정한 전산 프로그램을 이용해서 선거사무를 담당하는 자들이나 혹은 그들에게 협조하는 자들이 후보별 득표수를 만들어냈음을 뜻한다.

열네 번째, 대한민국 공직선거는 동일한 조작 메커니즘에 의해 선거 결과를 마음대로 만들어왔다. 동일한 조작 프로그램에 조작값만 달리하는 방식으로 문재인의 집권을 가능하게 한 2017 대선은 물론이고 문 정권 하의 모든 공직선거, 그리고 윤석열 정부 하의 첫 지방선거가 조작되었다는 결론을 내릴 수 있다.

지금부터 2017 대선부터 2022 지방선거까지 선거사기범들이 도대체 어떻게 공직선거를 마음대로 조작해왔는지 전모를 살펴볼 것이다.

제3장

3·9 대선, 6·1 지방선거

"3·9 대선에서 윤석열은 그들의 실수로 당선되었다. 24만 7,077표(0.73%)는 만들어진 숫자다. 6·1 지방선거에서도 기존과 동일한 조작 프로그램이 사용된 것은 보통 심각한 문제가 아니다. 선거조작 세력들이 견고한 진지를 구축하고 있음을 뜻한다. 4·15 총선은 부정선거의 모든 것을 드러냈지만, 한국 사회는 침묵하였다. 그 대가를 두고두고 치르고 있다고 볼 수 있다."

1

3·9 대선, 2022년

'정말 저 양반이 정신이 나갔구나.' 3·9 대선을 앞두고 사전투표장을 찾고, 사전투표를 은근히 독려하는 윤석열이란 사람을 보면서 든 솔직한 심정이다. 그가 부정선거 문제를 어떻게 다룰지에 대해서는 그때 내린 판단이 여전히 유효하다.

2020년 4·15 총선에서 사전투표 조작으로 그 난리를 치렀음에도 불구하고, 이후에 계속적으로 사전투표를 독려하는 국민의힘을 보면서도 참 대단한(?) 사람들이란 생각을 가져왔다. 그들이 모두 대학교육을 받았을 텐데, 가치 판단 이전에 사실을 직시할 수 없는 태도에 대해 놀라움을 금할 수 없었다.

3·9 대선에서도 사전투표 독려에 나서는 것을 보면서 대책이 없는 사람들이란 생각을 버릴 수 없었다. 3·9 대선에 대해 간략하게

정리하면, 2017 대선 이후의 전산 프로그램에 의한 사전투표 조작이 변함없이 실시되었다. 다만 4·15 총선 이후 일부 국민들의 각성이 있고 감시의 눈초리가 강해졌기 때문에 조작 정도가 낮았을 뿐이다.

전산조작, 직관적 이해

여러분은 몸체 속에 조금씩 작은 인형이 반복해서 들어가는 러시아의 목각인형 마트료시카를 본 적이 있을 것이다. 사전투표 조작이 비슷하다. 사전투표에 대한 전산조작이 투표소 단위에서 실시되면 그 합이 동 단위이고, 그다음에 기초자치단체, 광역시, 마지막으로 전국 단위로 확장된다.

3·9 대선의 후보별 사전투표 득표수 조작의 출발점은 다른 공직선거들과 마찬가지로 투표소 단위별로, 동 단위별로 일정 퍼센트의 득표수를 이동시키는 방식이 사용되었다.

3·9 대선 전국 차이값1(관외사전-당일투표 득표율)은 이재명 +7%, 윤석열 -7%이다. 관외사전투표 참가자수의 약 14%의 표가 이동되었음을 뜻한다. 차이값2(관내사전-당일투표 득표율)는 이재명 +9%, 윤석열 -8%, 심상정 -1%이다. 관내사전투표 투표자수의 약 18%의 표가 이동되었음을 뜻한다. 0값을 중심으로 민주당은 플러스 쪽에, 국힘당은 마이너스 쪽에 뚝 떨어진 평균값만으로도 전산조작을 직관적으로 이해할 수 있다. 정상적인 투표에서는 이처럼 특정 정당 후보 차이값이 이처럼 0값으로부터 멀찌감치 떨어져 있을 수 없다.

〈3-1〉 3·9 대선(전국), 차이값(관외사전-당일) 평균값

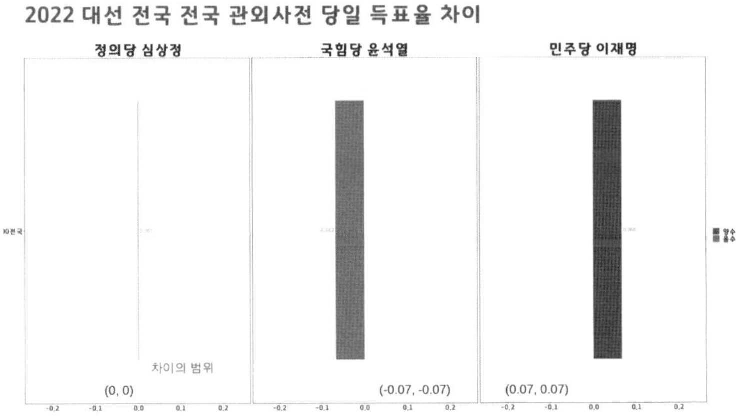

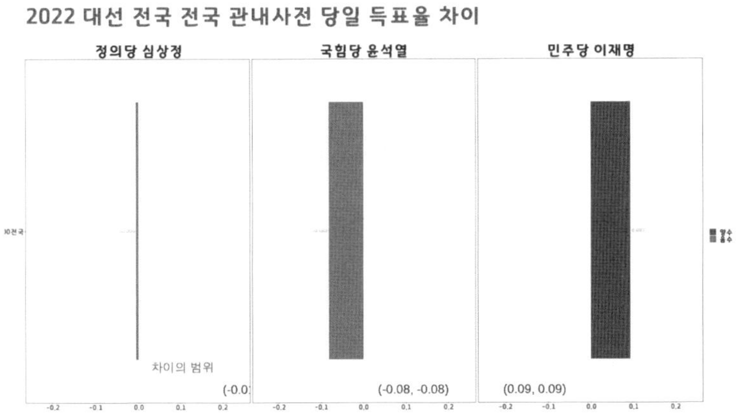

윤석열에게서 사전투표 득표수의 일정 부분을 가져다가 이재명에게 넘겼기 때문에 일어난 현상이다.

광역시도 및 기초자치단체에서 예외가 없이 전산 프로그램이 가동되었음을 알 수 있다. 서울특별시와 부산광역시의 차이값(관내사전-당일투표 득표율)을 확인하는 것만으로 충분하다. 이재명

〈3-2〉 3·9 대선(서울, 부산), 차이값(관내사전-당일)

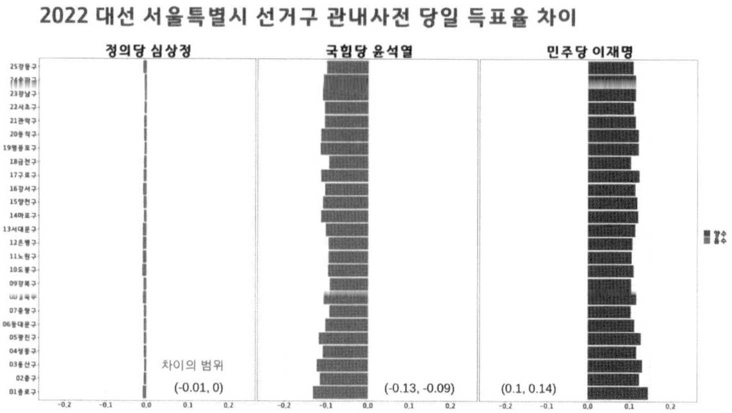

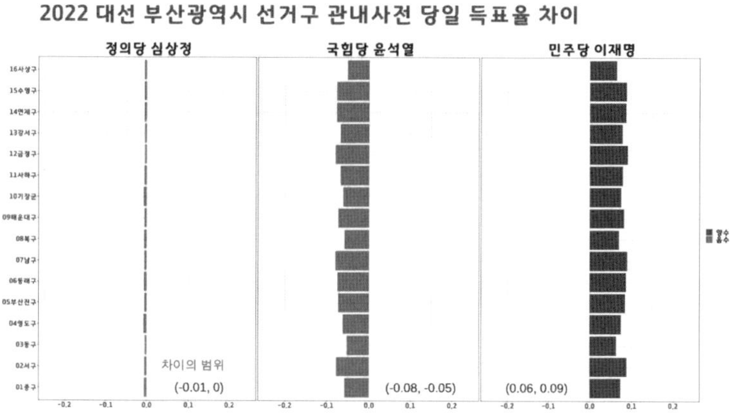

+10~+14%, 윤석열 -13~-9%이다. 사전투표 조작이 있었기 때문에 서울과 부산의 모든 구 단위에서 이재명은 플러스 값을, 윤석열은 마이너스 값을 기록하였다. 서울시에서는 관내사전투표 투표자수의 약 20~28% 표가 이동된 것으로 보인다.

부산의 경우는 이재명 +6~+9%, 윤석열 -8~-5%를 기록하고 있다. 관내사전투표 참가자수의 약 12~18% 표를 관내사전투표 조작을 위해 이동시킨 것으로 보인다.

선관위가 발표한 후보별 득표수를 바탕으로 이 같은 차이값 그래프가 나오는 것만으로도 선산조작을 통한 후보별 사전투표 득표수 조작은 의심이 아니라 사실이라 할 수 있다. 서울시나 부산시는 수백만 명이 사전투표에 참가했기 때문에 대수의 법칙으로부터 예외가 될 수 없다. 특정 후보에 대한 사전투표 득표율과 당일투표 득표율이 이렇게 큰 차이가 날 수는 없다.

3·9 대선(서울), 조작값

사전투표 조작을 직관적으로 이해하는 수준에서 한 단계 더 나가본다. 재야 전문가는 3·9 대선 선관위 발표 서울시 자료를 다운로드 받은 다음에 조작값을 추정하였다. 조작값 추정은 각 후보의 차이값(사전-당일투표 득표율)이 이례적으로 큰 상황(사전투표 실행 이후)에서 차이값이 오차범위는 물론이고 최소값에 도달하는(사전투표 실행 이전) 최적값을 찾아내는 일이다. 조작값은 선거조작범들이 후보별 사전투표 득표수를 조작하는 결정적 수단으로 사용하는 값이다.

성동구(25%, 25%)는 윤석열과 심상정이 받은 사전투표 득표수 가운데 각각 25%의 득표수를 이재명에게 전산적으로 이동시킴을 뜻한다. 달리 이야기하면 성동구의 후보별 사전투표 득표수는 윤석열과 심상정에게서 각각 25%를 빼앗고, 같은 득표수만큼을 이재명에

〈3-3〉 3·9 대선(서울), 조작값

선거구	이재명	윤석열	심상정
종로구		30%	30%
성동구		25%	25%
중구		25%	25%
용산구		25%	25%
광진구		25%	25%
서초구		20%	20%
강남구		20%	20%
송파구		20%	20%
강동구		25%	25%

게 더해주는 전산 프로그램에 의해 만들어진 숫자다. 종로구(30%)와 서초구(20%)처럼 선거구마다 다소 다른 조작값이 사용되었음을 확인할 수 있다.

조작값을 활용해서 3·9 대선(서울)의 조작되지 않은 선거 결과를 복원하는 일이 가능하다. 조작값을 이용해서 사전투표 득표수를 조작하였기 때문에 조작값을 이용해서 역으로 사전투표에 손을 대지 않는 후보별 득표수를 복원하는 작업이 가능하다.

〈3-4〉의 좌측 그래프는 선관위가 발표한 오염된 선거 데이터다. 선관위 발표 자료에서 차이값(사전-당일)은 어마어마한 수준이다. 이재명 +11%, 윤석열 -9.9%, 심상정 -0.4%이다. 차이값의 크기는 윤석열과 심상정의 사전투표 득표율을 줄이는 작업과 이재명에게 인위적으로 사전투표 득표율을 늘리는 작업이 전산 프로그램을 이용해서 추진되었음을 말해준다. 통계적으로 이와 같은 사전투표 득표율과 당일투표 득표율은 정상 투표에서는 일어날 수 없다.

〈3–4〉 3·9 대선(서울), 조작된 상태와 수정된 상태

2020 39대선 서울 총투표수 조작

구별 총투표수 평균

구	더불어민주당 이재명	국민의 힘 윤석열	정의당 신상정
종로구	0.135	0.121	- 0.006
중구	0.114	- 0.104	- 0.004
성동구	0.105	- 0.095	- 0.004
용산구	0.122	0.112	- 0.003
광진구	0.118	- 0.107	- 0.004
동대문구	0.102	- 0.094	- 0.002
중랑구	0.100	- 0.087	- 0.004
성북구	0.110	- 0.099	- 0.005
강북구	0.102	- 0.088	- 0.005
도봉구	0.107	- 0.092	- 0.007
노원구	0.097	- 0.085	- 0.007
은평구	0.101	- 0.090	- 0.006
서대문구	0.107	- 0.094	- 0.005
마포구	0.112	- 0.102	- 0.004
양천구	0.112	- 0.100	- 0.005
강서구	0.106	- 0.094	- 0.005
구로구	0.116	- 0.106	- 0.004
금천구	0.099	- 0.089	- 0.003
영등포구	0.115	- 0.107	- 0.002
동작구	0.114	- 0.104	- 0.003
관악구	0.107	- 0.093	- 0.003
서초구	0.116	- 0.111	- 0.002
강남구	0.118	- 0.112	- 0.003
송파구	0.110	- 0.101	- 0.003
강동구	0.106	- 0.095	- 0.005
평균값	0.110	- 0.099	- 0.004

2020 39대선 서울 총투표수 수정

구별 총투표수 평균

구	더불어민주당 이재명	국민의 힘 윤석열	정의당 심상징
종로구	- 0.004	0.009	0.003
중구	- 0.006	0.010	0.003
성동구	- 0.019	0.024	0.002
용산구	- 0.011	0.015	0.003
광진구	0.004	- 0.000	0.003
동대문구	- 0.013	0.015	0.004
중랑구	- 0.009	0.015	0.002
성북구	- 0.000	0.004	0.003
강북구	- 0.002	0.010	0.001
도봉구	- 0.002	0.011	- 0.002
노원구	- 0.015	0.021	- 0.000
은평구	- 0.006	0.010	0.000
서대문구	- 0.007	0.012	0.002
마포구	- 0.005	0.006	0.005
양천구	- 0.005	0.011	0.001
강서구	- 0.004	0.010	0.001
구로구	0.007	- 0.004	0.002
금천구	- 0.006	0.010	0.004
영등포구	- 0.006	0.007	0.005
동작구	- 0.006	0.009	0.003
관악구	- 0.001	0.007	0.004
서초구	- 0.005	0.006	0.002
강남구	- 0.008	0.009	0.002
송파구	0.003	0.001	0.002
강동구	- 0.016	0.021	0.001
평균값	- 0.006	0.010	0.002

우측은 사전투표 조작을 수정한 상태다. 좌측 그래프처럼 차이값이 큰 상태에서 최고로 줄어드는 상태가 우측 그래프이다. 이재명 -0.6%, 윤석열 +1.0%, 심상정 +0.2%에서 조작값이 구해진다. 위에서 살펴본 3·9 대선(서울), 조작값은 이 상태에서 찾아낸 것이다.

좌측의 조작된 상태에서 우측의 조작되지 않은 상태의 복원이 가능하다. 마찬가지로 우측의 조작되지 않은 상태에서 좌측의 조작된 상태로의 복원도 가능하다. 선거구별로 얼마만큼의 사전투표 득표수가 이동되었는지도 얼마든지 찾아낼 수 있다. 이처럼 선거를 조작하면 별별 짓을 다하더라도 선거 데이터에 사전투표 조작의 흔적,

전산조작의 흔적이 고스란히 남게 된다. 이처럼 기막힌 부정선거 증거물은 없을 것이다.

3·9 대선(서울), 사전투표 조작 70.7만 표

3·9 대선에서 윤석열은 24만 7,077표 차이로 승리했다. 선관위의 공식적인 발표다. 이 숫자는 지금 와서 변경할 수 없는 수치다. 그러나 그것은 말이 되지 않는 선거 결과이다.

재야 전문가는 서울의 모든 선거구에서 이례적으로 큰 차이값을 줄이는 과정에서 조작값을 도출하고 이것을 바탕으로 사전투표에 손을 대지 않은 상태의 후보별 득표수를 찾아냈다. 그 결과를 바탕으로 3·9 대선(서울)의 사전투표 조작규모를 추정하였다.

첫째, 서울만 사전투표 조작규모는 70만 7,231표이다.

〈3-5〉 3·9 대선(서울), 사전투표 조작

20대 대선 서울 전체 사전투표 조작율

	불어민주당	국민의 힘	정의당			사전투표
	이재명	윤석열	심상정			선거인수
1.발표득표수	1,617,218	1,425,806	81,371	0	0	3,173,085
득표율기준	0.51	0.45	0.03	-	-	
		-19.43%	-19.92%			본인표중
2.사전투표 조작수 평균	363,408	- 343,823	- 20,238	-	-	총조작값
사전투표선거인수	11.45%	-10.84%	-0.64%	-	-	22.93%
3.예상 득표수	1,253,810	1,769,629	101,609	0	0	
득표율 기준	0.40	0.56	0.03	-	-	

거소투표 조작은 제외 했고 숫자는 포함됨 , 득표율은 투표인수와 나누어졌음

예상 득표수는 다소 차이가 있음

선관위득표수이재명 :윤석열	-191,412		윤석열후보가 전 선거로 발표했지만 수정을 통한 예상 득표수를 보면
사전투표 예상 득표수	윤석열	515,819	서울에서 만 이긴표 수
	차이값	707,231	

둘째, 70만 7,231표 가운데 절반가량은 윤석열과 심상정에게서 빼앗고, 같은 수만큼을 이재명에게 더하는 방식으로 사전투표 전산조작이 실행에 옮겨졌다.

셋째, 윤석열은 사전투표 투표자수(317만 3,085명)의 10.84%인 34만 3,823표를 빼앗겼고, 심상정은 0.64%인 2만 238표를 빼앗겼다. 이를 합치면 36만 3,408표가 된다. 윤석열이 빼앗긴 사전투표 득표수는 자신이 받은 사전투표 득표수 가운데 19.43%이며, 심상정이 빼앗긴 표는 자신의 표 가운데 19.92%에 해당한다.

넷째, 이재명에게 더해진 36만 3,408표는 대략적으로 윤석열과 심상정에게서 빼앗은 사전투표 득표수에 접근한다. 실제로 자신이 받은 사전투표 득표수에서 표를 가져가는데, 서울 전체 추정에서는 사전투표 선거인수로 환산하기 때문에 약간의 오차가 발생하였다. 그럼에도 불구하고 전산조작의 핵심은 빼앗은 표수만큼 더해준다는 것이다.

다섯째, 선관위는 3·9 대선(서울)의 사전투표에서 이재명이 19만 1,412표로 승리했다고 발표하였다. 어처구니없는 발표다. 왜냐하면 당일투표에서 윤석열은 서울에서 대부분 지역에서 압승하였기 때문이다. 투표자들이 사전투표에서는 이재명을 지지하고, 당일투표에서는 윤석열을 지지하였다는 이른바 교차투표 현상이 일어났다는 것이 선관위 발표다. 참고로 교차투표는 부정선거의 전형적인 특성 가운데 하나다.

여섯째, 사전투표 조작이 없었다면 윤석열은 19만 1,412표 차이로 패배한 것이 아니라 서울의 사전투표에서만 51만 5,819표 차이로 승리하였을 것이다. 결과적으로 3·9 대선(서울)의 사전투표에서만 윤석열과 이재명 사이의 격차는 70만 7,231표나 되었다. 이만큼이 전산조작을 통해 이동된 표수로 추정된다.

일곱째, 선관위는 3·9 대선(서울) 사전투표 득표율 기준으로 이재명이 6% 앞섰다고 발표하였다. 이재명 사전투표 득표율 51%, 윤석열 45%이다. 재야 전문가는 윤석열이 16% 앞선 선거였다고 추정하였다. 전산조작이 없었더라면 3·9 대선(서울) 사전투표 득표율 추정치는 이재명 40%, 윤석열 56%이다.

3·9 대선(전국), 사전투표 조작 239만 표

서울의 25개 선거구에 대한 분석과 마찬가지로 전국의 모든 기초자치단체에 대한 분석이 행해졌다. 재야 전문가의 헌신적인 노력에 따라 3·9 대선(전국)의 사전투표 조작규모가 다음과 같이 추정

〈3-6〉 3·9 대선(전국), 사전투표 조작

20대 대선 시,도별 전체 사전투표 조작율

	더불어민주당	국민의 힘	정의당			사전투표
	이재명	윤석열	심상정			선거인수
1.발표득표수	8,578,382	7,353,309	358,268	0	0	16,587,848
득표율기준	0.52	0.44	0.02	-	-	
		-13.63%	-15.88%			본인표중
2.사전투표 조작수 평균	1,232,725	- 1,160,215	- 67,652	-	-	총조작값
사전투표선거인수	7.43%	-6.99%	-0.41%	-	-	14.83%
3.예상 득표수	7,345,657	8,513,524	425,920	0	0	
득표율 기준	0.44	0.51	0.03	-	-	

거소투표 조작은 제외 했고 숫자는 포함됨, 득표율은 투표인수와 나누어졌음

예상 득표수는 다소 차이가 있음

선관위득표수이재명 :윤석열	-1,225,073	윤석열후보가 진 선거로 발표했지만 수정을 통한 예상 득표수를 보면	
사전투표 예상 득표수	윤석열	1,167,867	시,도별에서 만 이긴표 수
	차이값	2,392,940	

되었다.

첫째, 전국에서 사전투표 조작규모는 239만 2,940표이다. 전산조작을 통해 이만큼 표가 이동하였음을 뜻한다.

둘째, 239만 72,940표 가운데 절반가량은 윤석열과 심상정에게서 빼앗고, 나머지 절반가량은 이재명에게 더하는 방식으로 사전투표에 대한 전산조작이 실행에 옮겨졌다. 작업 과정에서 약간의 오차가 발생하였다.

셋째, 윤석열은 사전투표 투표자수(1,658만 7,848명)의 6.99%인 116만 215표를 빼앗겼다. 심상정 역시 0.41%인 6만 7,652표를 빼앗겼다. 이를 합치면 122만 7,867표가 된다. 윤석열이 빼앗긴 사전투표 득표수는 자신이 받은 사전투표 득표수 가운데 13.63%이며, 심상정이 빼앗긴 표는 자신의 표 가운데 15.88%에 해당한다.

넷째, 이재명에게 더해진 123만 2,725표는 윤석열과 심상정에게서 빼앗은 사전투표 득표수 수치와 대략적으로 일치한다. 여러분이 익숙한 것과 같이 전산조작은 총조작 표수의 절반은 빼앗고 절반은 더하는 방식으로 추진된다. 그 결과 총득표수의 변동이 없기 때문에 선거사기범들은 국민들을 감쪽같이 속일 수 있다고 판단하였던 것으로 보인다.

다섯째, 선관위는 3·9 대선(전국)의 사전투표에서 이재명이 122만 5,703표로 승리했다는 어처구니없는 결과를 발표하였다. 선관위 발표는 당일투표에서 윤석열 압승, 사전투표에서 이재명 압승이라는 교차투표가 다른 공직선거들과 마찬가지로 3·9 대선에서도 일어났다는 이야기다. 선관위 발표 선거 데이터는 부정선거의 전형적인 특성 가운데 하나인 교차투표를 말한다.

여섯째, 사전투표 조작이 없었다면 윤석열은 전국에서 116만 7,867표 차이로 승리하였을 것이다.

일곱째, 3·9 대선(전국)에서 239만 2,940표의 사전투표 조작이 있었다. 116.7만 표 차이로 승리한 후보를 122.5만 표 차이로 패배한 것으로 선관위가 발표하였기 때문이다.

여덟째, 선관위는 3·9 대선(전국) 사전투표에서 이재명이 사전투표 득표율 기준으로 8%를 앞섰다고 발표하였다. 당일투표에서 압승한 윤석열이 사전투표에서 8%로 패배했다는 것이 선관위 주장이다. 선관위는 사전투표 득표율 기준 이재명 52%, 윤석열 44%라고 발표하였다.

재야 전문가 추정치는 윤석열은 3·9 대선(전국) 사전투표 득표율 기준으로 7% 앞섰다. 전산조작이 없는 상태에서 이재명 사전투표 득표율 44%, 윤석열 51%로 추정된다.

실패한 사전투표 조작

3·9 대선은 선거조작 세력의 입장에서 결코 양보할 수 없는 선거였다. 그렇지만 만만치 않은 선거였다. 4·15 총선 이후 사전투표 조작에 대해 국민들의 경각심이 어느 정도 형성되었기 때문에 그들은 4·15 총선처럼 화끈하게 조작하기에는 위험 부담이 있었던 것으로 보인다. 선거감시단의 활동도 부담이 되었고, 확진자 사전투표 과정에서 발생한 일명 소쿠리 선거 파동도 영향을 미쳤을 것으로 보인다.

그들은 발각되지 않도록 마일드한 조작을 3·9 대선에서 실행에 옮겼다. 사전투표 참가율이 높았기 때문에 얼마든지 승리할 수 있다고 확신하였던 것으로 보인다.

무엇보다 석연치 않은 것은 경북 지역의 조작규모가 현저히 낮다는 점이다. 경북의 사전투표 조작규모는 4반 4,244표에 불과하다. 조작률 기준과 빼앗긴 표수를 보면 윤석열 -2.31%, -21,804표, 심상정 -0.07%, -637표이다. 조작률도 낮고 빼앗긴 표수도 예상보다 너무 작다. 경남에서만 13.5만 표 정도의 조작이 있었던 점으로 미루어보면 경북은 너무 낮은 수준의 조작이 일어난 것으로 보인다.

아무튼 그들은 자만했고, 실수를 한 것으로 보인다. 그들은 눈 딱 감고 더 화끈하게 조작했어야 했다. 이런 점에서 윤석열은 선거사기 세력의 치명적 실수로 인해 대통령을 거머쥔 운 좋은 대통령이다. 그러나 3·9 대선에 일어난 근본 문제를 해결하지 않으면 윤석열 정권은 5년짜리 산소마스크를 단 정권이라고밖에 볼 수 없다. 그들은 와신상담하면서 권토중래를 노리고 있을 것이다. 다음번에 정권이 넘어가면 그때는 영원이 될 것이다. 그런데 그들이 선거를 장악하고 있는 점을 염두에 두면 "정권이 넘어가면"은 가정문에 끝나지 않을 것으로 본다. 앞으로 3·9 대선은 후속 작품에서 상세하게 다룰 예정이다(참고: 《도둑놈들 2: 2022 대선, 어떻게 훔쳤나?》, 《도둑놈들 3: 2022 대선, 무슨 짓 했나?》).

2

6·1 지방선거, 2022년

6·1 지방선거는 특별한 의미를 갖고 있다. 정권이 교체되고 난 다음에 치러진 첫 번째 선거이기 때문이다. 이 선거에서 일어나는 일은 앞으로의 공직선거 모습을 예상하는 데 중요하기 때문에 6·1 지방선거를 관심 있게 지켜봤다. 세 가지 결과가 나올 것으로 기대했다. 우선은 4·15 총선처럼 정권이 바뀌었지만 눈을 딱 감고 과감하게 사전투표 조작을 실행에 옮기는 것이다. 다른 하나는 정권이 바뀐 점이나 발각 위험을 덜기 위해서라도 조작을 하지만 크게 표시 나지 않게 부드러운 조작을 저지르는 것이다. 마지막 하나는 정권이 교체되었기 때문에 문 정권 하의 공직선거와 달리 아예 사전투표 조작을 행하지 않는 것이다.

지방선거를 앞두고 나는 선거조작범들이 세 가지 시나리오 가운데 어느 것을 선택할지 궁금함을 갖고 지켜봤다. 그들이 어떤 선택을 하든지 간에 선거 데이터 분석을 통해 사전투표 조작을 발각하는 일은 아무런 문제가 없을 것으로 봤다.

결국 그들은 두 번째 시나리오를 선택하였다. 4·15 총선처럼 과감하지는 않지만, 그럼에도 불구하고 새 정부 하에서도 사전투표 조작을 했다. 이는 앞으로도 부정선거 근절이나 엄벌과 같은 특별한 조치가 취해지지 않는 한 계속해서 전산조작이 지속될 가능성을 말해주는 것이다.

6·1 지방선거, 전국적 전산조작

6·1 지방선거는 어떠했는가? 17개 시도지사 선거를 우선적으로 살펴본다. 어떤 선거에서 선거사기가 발생했는가를 직관적으로 이해할 수 있는 최고의 방법은 차이값(사전-당일 득표율)을 우선적으로 확인하는 일이다.

우선 6·1 지방선거 가운데서 광역시도 선거를 살펴본다.

차이값(관외사전-당일 득표율)의 최댓값은 민주당 +10%와 국민의힘 -10%이다. 차이값 크기가 가장 큰 강원도의 경우 민주당 +9.8%와 국민의힘 -9.8%이다. 민주당 텃밭인 전남, 전북, 광주광역시를 제외하면 좌우대칭 관계다. 전산조작의 전형적인 특성인 국민의힘 후보의 사전투표 득표수를 빼앗아서 더불어민주당 후보에게로 이동시킨 모양새를 취하고 있다.

차이값의 평균값을 보면 전산조작의 실체를 조금 더 또렷이 관찰

〈3-7〉 6·1 지방선거(시도지사), 차이값(관외사전-당일)

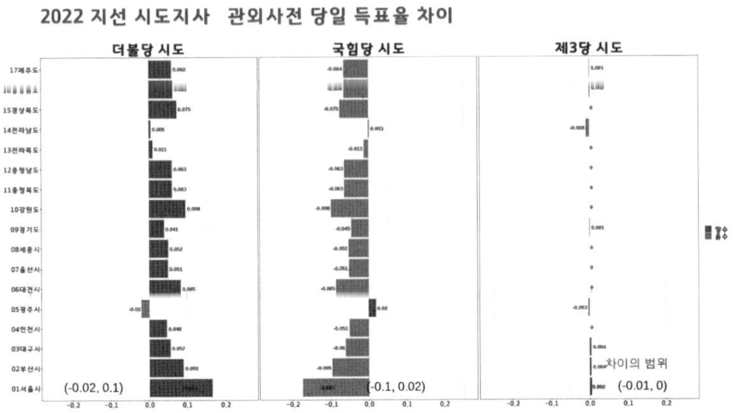

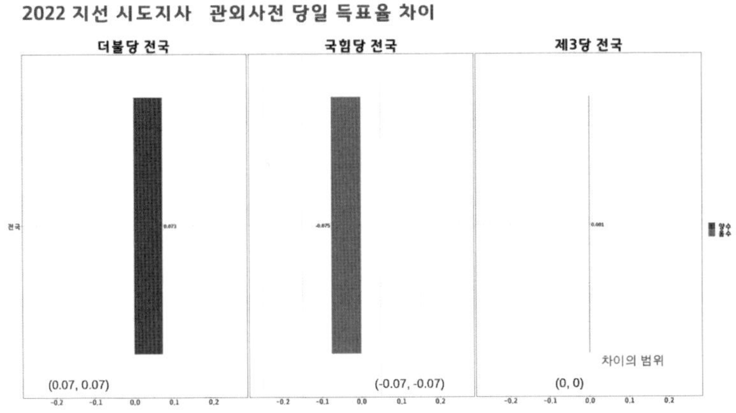

할 수 있다. 특정 후보에 대한 사전투표 지지도와 당일투표 지지도가 같은 0값을 중심으로 민주당 후보는 +7.3%만큼 멀찌감치 떨어져 있고, 국민의힘 후보는 -7.5%만큼 떨어져 있다. 평균값은 관외사전투표 투표자수의 14.6~15%만큼의 관외사전투표 득표수가 전산조작을 통해 이동했음을 알 수 있다.

〈3-8〉 6·1 지방선거(시도지사), 차이값(관내사전-당일)

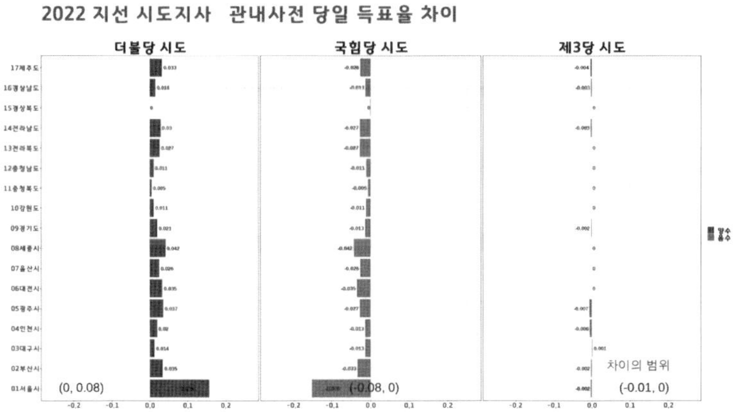

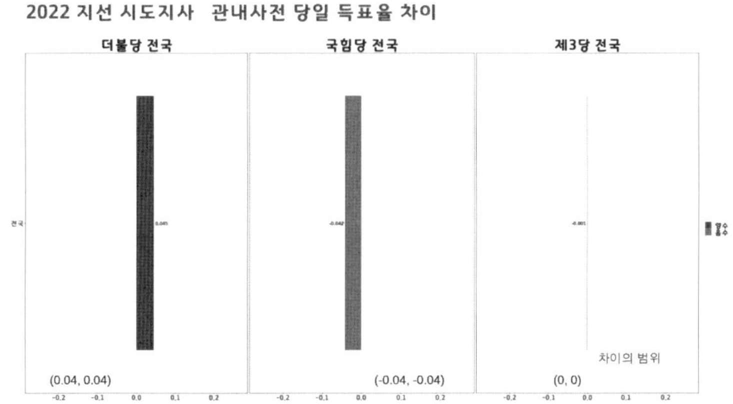

차이값(관내사전-당일 득표율)의 최댓값은 민주당 +8%와 국민의힘 -8%이다. 관외사전투표에 비해 조작 정도는 조금 더하지만, 좌우대칭 구조는 여전하다. 좌우대칭 구조는 국민의힘 후보에게서 표를 빼앗아서 민주당 후보에게 이동시켰음을 말해주고 있다. 관내사전투표 득표율이 가장 심하게 조작된 곳은 서울시장 선거다. 민주당

+7.9%, 국민의힘 -7.6%이다. 관내사전투표 참가자수(관내사전투표 투표자수)의 대략 15%만큼의 표가 이동하였음을 알 수 있다.

차이값의 전국 평균값은 더욱 명확한 사전투표 조작을 말해주고 있다. 사전투표 조작이 없는 경우 민주당과 국민의힘 후보의 차이값은 0값에 가깝게 위치해 있어야 한다. 민주당 +4.5%, 국민의힘 -4.2%는 전국적으로 사전투표 조작이 있었음을 말해준다. 두 숫자 모두 오차범위(0~3%)를 벗어난 값이다. 인위적으로 후보에 따라 사전투표 증감 행위가 없었다면 나올 수 없는 차이값의 평균치다.

6·1 지방선거의 광역시도지사 선거에서 관찰할 수 있는 차이값은 기초자치단체장 선거는 물론이고 교육감 선거에서도 마찬가지다. 전국적 차원에서 사전투표 조작이 있었음을 알 수 있다.

서울시장 선거, 온통 조작

윤석열 정부 하의 첫 번째 선거에서 얼마나 선거를 야무지게 도둑질했는가는 서울시장 선거 결과를 보면 된다. 윤석열 정부를 얼마나 우습게 여겼는가를 엿볼 수 있는 선거 결과이다.

오세훈이 받은 사전투표 득표수는 관외사전투표건 관내사전투표건 무더기로 송영길에게 더해지게 된다. 송영길의 차이값(관외-당일 득표율)은 +5~+11%이다. 정상 투표에서는 나와선 안 되는 무진장 큰 숫자다. 그만큼 관외사전투표에 무더기 표가 쑤셔 넣어졌다는 이야기다. 오세훈의 차이값은 -11~-6%이다. 25개 구에서 송영길은 관외사전투표 득표율이 당일투표 득표율을 압도하고 있다. 당

〈3-9〉 6·1 지방선거(서울시장), 차이값(관외사전-당일)

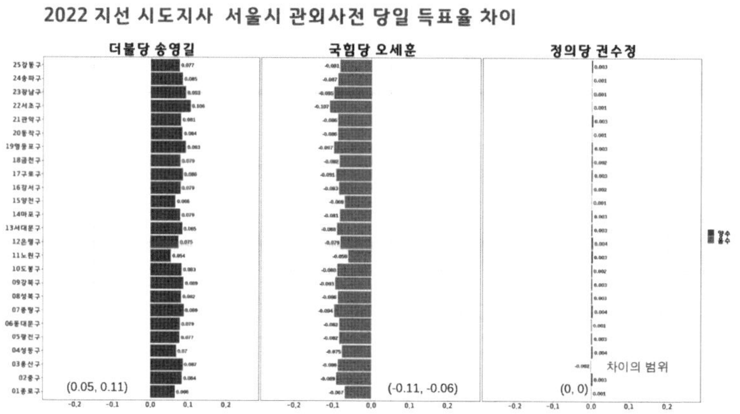

연한 일이다. 전산조작을 이용해 오세훈에게서 빼앗은 표를 더하였기 때문에 차이값이 모두 마이너스 값이 될 수밖에 없다.

선관위가 발표한 사전투표 득표수가 모두 오염된 숫자, 즉 조작된 숫자임을 확인한 재야 전문가는 어느 정도 조작이 되었는가를 찾

〈3-10〉 6·1 지방선거(서울시장), 조작값

선거구	송영길	오세훈	권수정
종로구		20%	20%
중구		15%	0%
용산구		15%	15%
광진구		15%	0%
서초구		15%	0%
강남구		15%	0%
송파구		15%	0%

는 작업을 진행한다. 앞에서도 이미 충분히 설명한 바와 같이 사전투표 조작 상태에서 이례적으로 큰 차이값(사전-당일)이 나온다. 여기서부터 출발해서 차이값이 가장 작은 상태로 접근하는 과정에서 조작값을 찾아내게 된다. 조작값을 찾아내는 바로 그 상태에서 차이값은 오차범위 내에 위치해 있음은 물론이고 크기도 가장 작다. 조작값의 의미는 오세훈이 받은 사전투표 득표수 가운데 몇 퍼센트를 빼앗아서 송영길에 같은 득표수를 더하는 것을 말한다.

얼마나 표를 도둑질했는가를 확실히 하기 위해 용산구 사례를 들어보자. 용산구에서 오세훈과 권수정은 자신이 받은 사전투표 득표수에서 각각 15%를 빼앗겼다. 오세훈이 받은 표(2만 5,993표) 가운데 15%인 3,899표와 권수정이 받은 표(501표) 가운데 15%인 75표

〈3-11〉 6·1 지방선거(용산구), 사전투표 조작

2022서울시장 용산구 사전투표 조작

	더불어민주당	국민의힘	정의당			사전투표
	송영길	오세훈	권수정			선거인수
1.발표득표수	16,405	25,993	501			43,376
득표율기준	0.38	0.60	0.01			
						본인표중
2사전투표 조작수	3,974	3,899	75			상수값
사전투표선거인수	-	15%	15%			30%
3.예상 득표수	12,431	29,892	576			
득표율 기준	0.29	0.69	0.01			

거소투표 조작은 제외 했고 숫자는 포함됨 , 득표율은 두표인수와 나누어졌음

예상 득표수는 다소 차이가 있음

가 전산적으로 송영길에게로 이동되어 송영길의 사전투표 득표수에 포함되고 만다. 이렇게 더해진 표가 +3,974표이고, 두 후보가 빼앗긴 표가 3,974표이다. 사전투표 조작으로 이동한 총득표수는 7,948표이다.

사전투표 조작은 구체적으로 어떻게 이루어졌을까? 우리는 이미 제2장 '전산조작'에서 최소 단위인 투표소 단위에서 혹은 동 단위에서 어떻게 표를 훔쳐서 당선시켜야 할 후보에게 이동시키는가를 살펴본 바가 있다.

조작값을 찾아내는 과정에서 동 레벨에서 오세훈 후보나 권수정 후보가 빼앗긴 득표수 규모도 얼마든지 추정해낼 수 있다. 오세훈 후보의 경우를 살펴보면 다음과 같다. 오세훈의 거소선상투표 득표수 115표 가운데 15%인 17.25표, 관외사전투표 득표수 8,083표의 15%인 1,212.45표가 각각 송영길에게 더해지게 된다. 그 밖에 후암동 관내사전투표 득표수에서 193.50표, 용산2가동 관내사전투표 득표수 가운데 128.85표가 송영길에게로 넘어가게 된다.

모든 동 단위에서 오세훈과 권수정 후보의 관내사전투표 득표수가 하나도 빠짐없이 송영길에게 넘어갔다. 결과적으로 오세훈은 차이값(사전-당일 득표율)이 플러스 값이 나올 수 없다. 늘 사전투표 득표수를 빼앗기는 입장에 있기 때문이다. 따라서 사전투표 조작이 이루어진 모든 차이값 그래프는 민주당은 플러스를, 국민의힘은 마이너스를 기록하게 된다.

6·1 서울시장, 사전투표 조작 28.4만 표

선관위는 6·1 지방선거(서울시장)에서는 지나친 무리수를 두지 않았다. 3·9 대선에서는 무리수를 누어 사전투표에서 이재명이 압승하였다고 발표한 바가 있다. 그러나 6·1 서울시장 선거는 달랐다. 관악구 사전투표에서 송영길은 1,676표 차이로 승리했을 뿐 24개 선거구에서 모두 오세훈에게 패배하였다.

그러나 사전투표 조작이 있었던 것은 사실이다. 선관위는 오세훈이 사전투표에서 18만 9,842표 차이로 승리하였다고 발표하였다. 그러나 선관위의 후보별 사전투표 득표수에 포함된 조작을 제거하면 실제로 오세훈은 47만 4,569표로 승리를 거두었다. 결과적으로 6·1 서울시장 선거에서 사전투표 조작규모는 28만 4,729표이다. 이만큼

〈3-12〉 6·1 지방선거(서울시장), 사전투표 조작

제8회 서울시장 사전투표 조작율

	더불어민주당	국민의 힘	정의당			사전투표
	송영길	오세훈	권수정			선거인수
1.발표득표수	776,644	966,486	21,015	0	0	1,784,477
득표율기준	0.44	0.54	0.01	–	–	
		– 0.13	–			본인표중
2사전투표 조작수 평균	142,662	– 142,065	–	–	–	총조작값
사전투표선거인수평균	7.99%	-7.96%	0.00%	–	–	15.96%
3.예상 득표수	633,982	1,108,551	21,015	0	0	
득표율 기준	0.36	0.62	0.01	–	–	

2의 조작수가 다른 이유는 잘못 투입투표지 상관됨 .득표율은 투표인수와 나누어졌음

예상 득표수는 다소 차이가 있음

사전투표 예상 득표수	오세훈	474,569	서울에서 이긴표 수	

의 표를 전산조작을 통해 이동시켰음을 알 수 있다. 실물 위조투표지를 얼마나 투입했는지는 가늠하기 힘들다.

오세훈이 빼앗긴 표를 사전투표 참가자수를 기준으로 보면, 사전투표 투표자수 178만 4,477표 가운데 7.96%인 14만 2,065표이다. 이것은 오세훈의 사전투표 득표율 기준으로 13%이다.

그 밖에 권수정에게 빼앗은 소규모의 득표수를 합치면 송영길에게 14만 2,662표가 전산조작을 통해 더해지게 된다. 전산조작을 통해 이동한 총득표수는 사전투표 선거인수의 15.96%인 28만 표 내외다. 오세훈과 권수정이 빼앗긴 사전투표 득표수와 송영길에게 더해진 사전투표 득표수는 대략 일치하게 된다. 실제로 빼앗긴 표는 사전투표 득표수 기준인 데 반해 사전투표 선거인수 기준으로 환산하면서 다소의 오차가 발생할 수 있음을 염두에 둬야 한다.

6·1 지방선거는 3·9 대선보다 서울에서 마일드한 조작을 한 것이 사실이다. 전반적으로 선거사기범들은 6·1 지방선거에서 몸조심을 한 것으로 보인다. 주목할 만한 점은 6·1 서울시장 선거는 투표자들의 분위기로 보면 오세훈의 압승 분위기였다. 그럼에도 불구하고 선거조작범들이 새 정부 등장에도 전산 프로그램을 가동한 것을 보면 그들의 강심장과 양심불량에 혀를 내두르게 된다. 그들은 눈 딱 감고 조작을 하는 데 익숙하다고 본다. 앞으로 모든 선거가 조작될 가능성을 이런 데서도 확인할 수 있다.

아무튼 6·1 서울시장 사전투표에서 선관위는 송영길 44%, 오세훈 54%로 격차가 10% 났다고 발표하였다. 하지만 사전투표 조작을 말끔히 제거하고 나면 실제로 송영길 36%, 오세훈 62%로 양 후보 간 격차는 26%로 확대된다. 쉽게 이야기하면 선관위는 26% 격차를 10% 격차로 줄여서 발표한 것으로 보면 된다. 그 차이만큼 사전투표 조작규모로 볼 수 있다.

이 정도가 되면 사실 대한민국 공직선거는 아프리카 최후진국 수준보다 못하다고 할 수 있다. 그냥 전산 프로그램을 돌려 엿장수 마음대로 득표수를 만들어서 발표하면 그만이다. 문제가 발생하더라도 법관들이 다 덮어주고, 정치인들은 찍소리 한마디 못하기 때문이다. 대수롭지 않게 생각하는 국민들이 있다면 이 또한 질책 받아야 할 일이다.

서울 구청장, 전부 조작

광역시도지사 선거에서 일어난 것은 구청장, 시장, 군수 선거에서도 마찬가지로 일어났다. 서울 구청장 선거는 6·1 지방선거의 실상을 폭로하는 데 대표 사례로 활용할 수 있다.

선관위가 발표한 6·1 지방선거를 다운로드 받아 분석해보면 국힘당 후보의 사전투표 득표수 가운데 얼마를 민주당 후보로 옮겼는지 파악할 수 있다. 서울 구청장 선거에서 국힘당 후보가 받은 사전투표 득표수 가운데 10~20%가 민주당 후보에게로 넘겨졌다.

예를 들어 사과 200상자를 돌린 의혹 때문에 선거법 위반 혐의로 곤혹을 치른 김미경 은평구청장의 경우를 보자(은평구청장은 '혐의 없음'으로, 비서는 구속송치로 결론 난 사건). 은평구청장 선거에서는 국민의힘 후보의 사전투표 득표수 가운데 10%(4,140표)가 전산 프로그램에 의해 민주당의 김미경 후보에게로 이동되었다. 국힘당 후

〈3-13〉 6·1 지방선거(은평구청장), 차이(관내사전-당일)

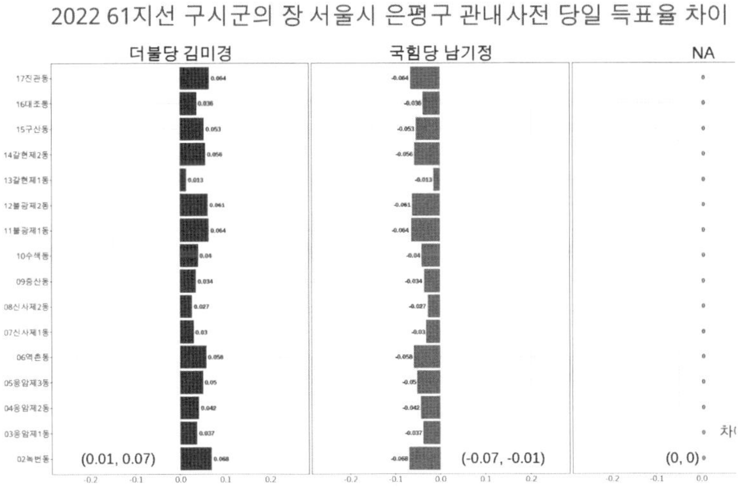

보에게서 4,140표를 빼앗고, 민주당 후보에게 4,140표가 더해졌기 때문에 사전투표 조작규모는 국힘당 후보가 빼앗긴 표수의 2배인 8,280표이다.

은평구청장 선거는 재야 전문가의 조작값 추정 작업이 없더라도 사전투표 조작이 일어났음을 직관적으로 쉽게 이해할 수 있다.

첫째, 민주당 후보의 차이값은 +1~+7%이고, 국힘당 후보의 차이값은 -1~-7%이다. 차이값의 크기로만 보면 마일드한 사전투표 조작이 있었다고 볼 수 있다.

둘째, 정확하게 좌우대칭 구조를 갖고 있다. 이는 국힘당 후보의 표를 빼앗아서 전산적으로 민주당 후보에게 넘기지 않고선 일어날 수 없다.

셋째, 후보가 두 명이기 때문에 이동한 표를 또렷하게 측정할 수 있다. 은평구의 18개 동에서 국힘당 후보의 마이너스 값과 민주당 후보의 플러스 값이 정확하게 일치한다. 단 한 곳도 예외가 없다.

전관동 사례를 보자. 국힘당 후보는 관내사전투표 참가자수의 -6.4%를 빼앗기고, 민주당 후보는 +6.4%가 더해지게 된다. 놀라울 정도로 동별 조작률이 일치한다. 좌우대칭 구조에다 조작률이 일치하는 전산조작의 전형적인 특성을 보여주고 있다. 총득표수 증감 없이 동 단위에서 훔친 표만큼 민주당 후보에게 더해졌음을 명료하게 확인할 수 있다.

참고로 6·1 은평구청장 선거에서는 국힘당 후보가 얻은 사전투표 득표수 10%(4,140표)를 훔쳤지만, 6·1 서울시장(은평구)에서는 국힘당 후보(오세훈)는 15%(6,971표)를 빼앗겼다.

한편 은평구 10% 이외에 서울의 대표적인 구청장 선거에서 사용

〈3-14〉 6·1 지방선거(서울 구청장), 조작값과 조작규모

선거구	민주당	국힘당	국힘당 빼앗긴 득표수	사전투표 조작규모
종로구		20%	2,881표	5,762표
성동구		10%	2,191표	4,382표
중랑구		10%	3,252표	6,504표
은평구		10%	4,140표	8,280표
노원구		10%	4,046표	8,092표
성북구		10%	3,805표	7,610표
강북구		10%	2,554표	5,108표
강서구		15%	7,225표	14,450표
관악구		20%	8,041표	16,982표
서초구		10%	4,499표	8,998표

된 조작값은 〈3-14〉와 같다. 종로구와 관악구 20%, 강서구 15%를 제외한 대부분 선거구에서 적용된 조작값은 10%다.

무자비한 전산조작, 끝이 없어

6·1 서울시장 선거는 굳이 조작할 필요가 없는 선거다. 송영길의 패색이 너무 짙었기 때문에 조작하더라도 이길 수 없는 선거였다. 그러나 그들은 승패에 관계없이 전산조작을 했다. 전산조작은 묘한 중독성이 있기 때문에 앞으로도 좀처럼 그만둘 수 없을 것으로 본다. 왜 전산조작이 위험한가, 그리고 지속될 수밖에 없는가를 잠시 점검해본다.

첫째, 전산조작은 쉽고 편리하게 할 수 있다. 선거조작에 익숙한 조작범들에게는 컴퓨터 게임하는 것처럼 조작값만 입력하면 원하는 결과를 마음대로 턱턱 만들어낼 수 있기 때문에 좀처럼 조작질을 그만둘 수 없다. 마치 '알라딘의 램프'처럼 주문만 외면, 조작값만 입력하면 결과가 척척 나온다.

둘째, 전산조작의 기초가 되는 전산 프로그램은 일단 세팅되고 나면 추가적인 비용이 들지 않는다. 전산조작의 엔진이라고 해야 코딩에 익숙한 초등학생 저학년도 짤 수 있는 간단한 더하기 빼기 연산 프로그램이다. 이런 조악한 것을 갖고 대한민국 공직선거를 주물렀고, 국민들을 농락해왔다.

아무리 조작해도 추가 비용이 들지 않는데, 어떻게 그것을 그만둘 수 있겠는가? 사악한 인간이든 착한 인간이든 돈에는 민감할 수밖에 없다. 추가적인 비용이 거의 들지 않고 얼마든지 선거 결과를 조작할 수 있는데, 누가 그 짓을 그만두겠는가? 여기에다 바보천치 같은 인간들은 "부정선거는 없다"고 박수 치는 세상이 아닌가!

셋째, 전산조작을 실행하는 자는 컴퓨터 프로그램에 익숙한 기술자들이기 때문에 앞뒤를 크게 생각하지 않을 것으로 본다. 선거사기를 기획한 자들로부터 "이만큼 조작을 하라"는 오더가 떨어지면, 그것에 맞추어서 척척 작업을 하였을 것으로 본다. 자신이 내린 선택이 어떤 영향을 미치는가 등에 대해 선거사기 기획자들은 정치하는 자들이기 때문에 생각할 수 있지만, 컴퓨터 엔지니어는 이것저것 생각할 필요가 없었다고 본다. 그냥 기계적으로 전산 프로그램을 돌리고 원하는 숫자를 만들어낼 뿐이다. 그렇게 깊이 생각하지 않기 때문에 컴퓨터 엔지니어들은 자신이 내린 선택이 이처럼 선거 데이터에 또렷이 범죄 증거물을 남기는 것을 상상조차 하지 않았을 것이다. 그냥 오더 받은 대로 만들면 그만이라고 생각하였을 것이다.

부산시장, 부산 구청장 선거

부산은 대구에 비할 바는 아니지만, 국힘당 지지세가 강한 곳이다. 문재인 정권의 실정과 전임 오거돈 부산시장의 성추행 여진이 계속되는 상황이기 때문에 부산시장이나 부산 구청장 선거에서 전산조작을 할 필요가 없었다. 왜냐하면 전산조작을 하더라도 승산이 없기 때문이다.

전산조작은 무자비한 측면이 있다. 그냥 선거사기 기획자들로부터 "이렇게 하라"는 오더가 떨어지면, 선거사기 기술자들은 조작값을 집어넣고 득표수를 마음대로 만들어내면 그만이다. 굳이 조작할 필요가 있었을까 싶은 부산시장 선거와 부산 구청장 선거를 살펴본다.

부산시장 선거에서 16개 선거구에서 차이값(관외사전-당일 득표율)은 민주당 +4~+13%, 국힘당 -13~-4%이다. 관외사전투표 투표자수의 최소 8%에서 최대 26% 득표수가 전산조작에 의해 이동하였음을 알 수 있다. 그냥 척 보는 것만으로 "이건 선거가 아니라 그냥 사기야!"라는 소리가 절로 나온다.

부산 구청장 선거 결과를 들여다보면 더욱 놀라게 된다. 예를 들어 부산시 구청장 선거 가운데 하나인 부산 강서구청장 선거의 차이값(관내사전-당일 득표율)은 민주당 +1~+8%, 국힘당 -8~-1%이다.

〈3-15〉 6·1 지방선거(부산시장), 차이(관외사전-당일)

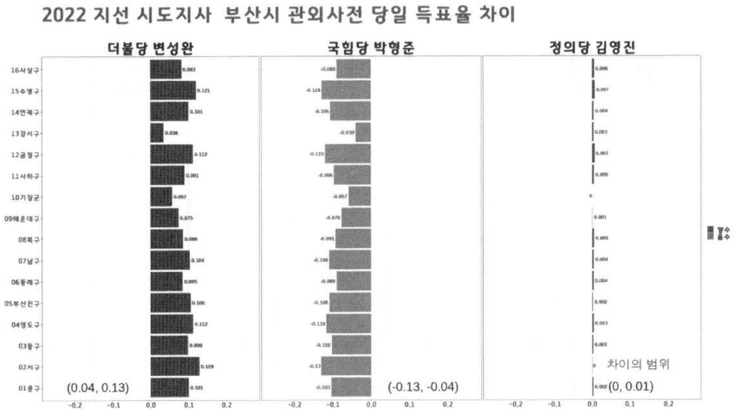

두 후보밖에 출마하지 않았기에 8개 동에서 동마다 정확하게 훔친 득표율과 더한 득표율이 일치한다. 두 눈이 휘둥그레질 정도로 정확한 좌우대칭 값이다. 하기야 표가 하늘에서 떨어질 수는 없는 것이고, 다른 사람이 받은 표를 훔치는 것 이외에는 뾰족한 방법이 없다.

아무리 컴퓨터로 장난질을 치더라도 없는 표를 만들 수는 없지 않은가! 다른 후보가 받은 표를 빼앗아서 자기 것으로 챙길 수밖에 없다. 시대가 바뀌어도 부정선거는 다른 사람 표를 도둑질하는 방법 외에는 없다. 실물 투표지를 도둑질하든지 전산조작으로 표를 빼앗아서 자기 것으로 만들든지! 도둑질에 침묵하는 사회, 그것도 대역죄에 해당하는 선거 도둑질에 침묵하는 사회! 아무리 생각해도 사회가 맛이 가지 않고선 일어날 수 없는 일이다.

선거조작범들이 마음대로 조작값을 집어넣고 득표수를 만들어 내는 사회라는 사실이 모두 다 드러나고 말았지만, 나랏일을 맡은 자들은 이를 고칠 의지가 없는 것처럼 보인다. 아래는 선관위 자료

〈3-16〉 6·1 지방선거(부산시장), 조작값

선거구	민주당	국힘당	국힘당 빼앗긴 득표수 조작규모	사전투표
중구		5%	267표	534표
서구		5%	644표	1,288표
동구		5%	603표	1,206표
영도구		5%	668표	1,336표
동래구		5%	1,372표	2,744표
해운대구		5%	1,944표	3,888표
사상구		5%	1,011표	2,022표
수영구		5%	983표	1,966표

를 분석해서 찾아낸 선거구 단위에서의 조작값이다. 국힘당 후보에게 5%를 적용해서 그가 얻은 사전투표 득표수 가운데 5%만큼 훔쳤다. 빼앗은 표수만큼 경쟁자를 더해주기 때문에 사전투표 조작규모는 국힘당 후보가 빼앗긴 득표수의 2배다. 서울의 15~20%보다 현저히 낮은 수준이다. 선거조작범 마음대로 결정하는 것이 바로 조작값 5%이다.

아래 그래프에서 왼쪽은 부산시 전체 선거구에서 차이값(사전-당일 득표율)을 나타내고 있다. 그래프를 보는 것만으로 '부드러운 사전투표 조작을 했구나'라고 판단할 수 있는 그림이다. 모든 자료는 선관위 자료에 바탕을 두고 있다. 조작된 사전투표 득표수가 이렇게

〈3-17〉 6·1 지방선거(부산시장), 조작된 상태와 수정된 상태

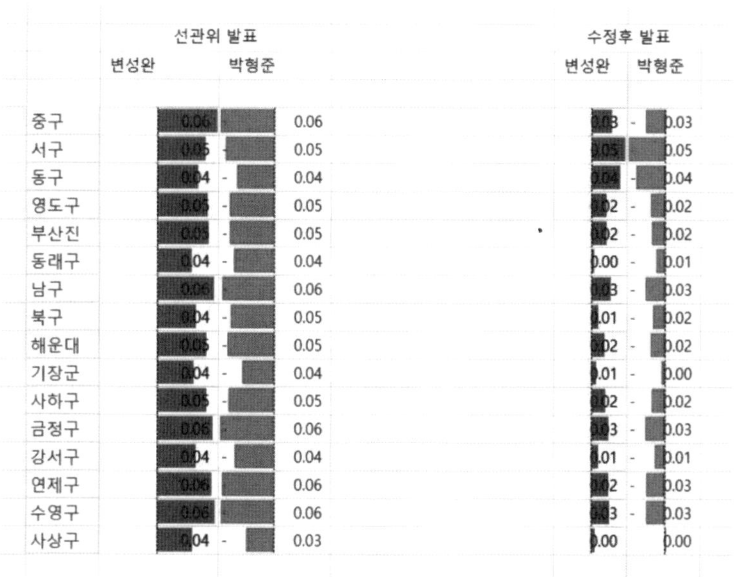

열병식하는 그림처럼 민주당 후보는 모든 선거구에서 플러스를, 국힘당 후보는 모든 선거구에서 마이너스 값을 만들어내게 된다.

오른쪽은 조작값 5%를 찾아낸 다음 이를 선관위 발표 후보별 사전투표 득표수에 적용해서 진짜 득표수를 구한 다음 도출한 진짜 차이값(진짜 사전투표 득표율-당일투표 득표율)을 그래프로 표현한 것이다.

왼쪽은 조작된 상태, 오른쪽은 전산조작이 이루어지기 이전 상태를 말한다. 오른쪽으로부터 왼쪽의 복원이 가능하고, 왼쪽으로부터 오른쪽의 선관위 선거 데이터의 복원이 가능하다.

선거가 아니라 그냥 조작질이라고 부르는 것이 좋겠다. 6·1 지방선거는 물론이고 2017 대선부터 모든 선거를 이런 방식으로 후보별 사전투표 득표수를 만들어왔다. 투표자들이 선거를 한 것이 아니라 컴퓨터가 선거를 한 셈이다. 투표자들이 던진 표가 중요한 것이 아

〈3-18〉 6·1 지방선거(부산 강서구청장), 차이값(관내사전-당일)

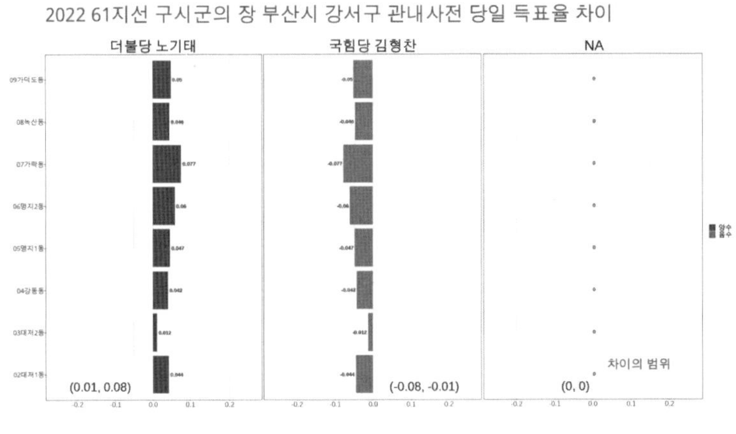

니라 선거조작범들이 결정하는 조작값이 모든 것을 결정해왔다. 이러고도 나라라고 할 수 있나!

부산 구청장 선거도 다음과 같이 선관위 후보별 사전투표 득표수를 분석해서 일정한 규칙을 찾아낼 수 있다. 조작값 5%를 사용해서 후보별 사전투표 득표수를 만들어 낸 것이 선관위가 발표한 후보별 사전투표 득표수다.

'만들어진 득표수', 이것이 6·1 지방선거의 전모를 짧게 압축한 표현이다. 선거조작범들은 모든 증거물을 제거했을지 모르지만, 그들이 만들어낸 숫자까지 없앨 수는 없었을 것이다. 그것에 의해 당선자와 낙선자가 결정되기 때문이다.

부산시장 선거와 마찬가지로 부산 구청장 선거에서도 조작값은 5%가 적용되었다. 다음은 부산 구청장 선거에 적용된 조작값과 사전투표 조작을 위해 이동된 사전투표 조작규모이다.

〈3-19〉 6·1 지방선거(부산 구청장), 조작값

선거구	민주당	국힘당	국힘당 빼앗긴 득표수	사전투표 조작규모
중구		5%	252표	504표
서구		5%	614표	1,228표
동구		5%	529표	1,058표
영도구		5%	570표	1,140표
동래구		5%	1,223표	2,446표
해운대구		5%	1,746표	3,492표
사상구		5%	972표	1,944표
수영구		5%	992표	1,984표

교육감 선거도 마찬가지

후보 단일화의 염원이 깨지면서 유력한 당선자 후보였던 조전혁 서울시 교육감 후보의 꿈도 날아가고 말았다. 조전혁 후보는 미국 위스콘신대학의 경제학박사 학위 소지자다. 그럼에도 불구하고 좌

〈3-20〉 6·1 지방선거(서울시 교육감), 차이값(사전-당일)

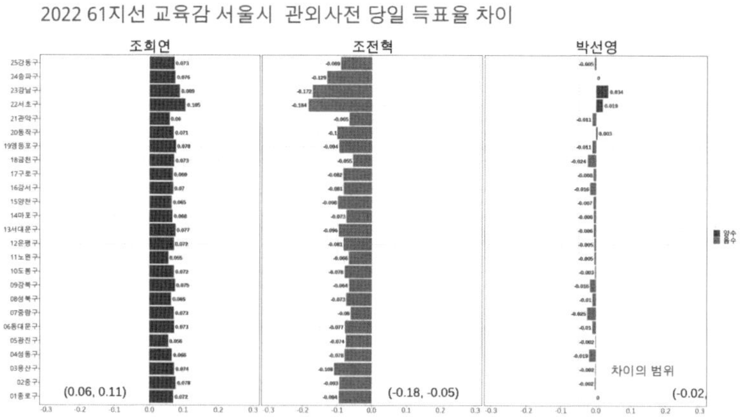

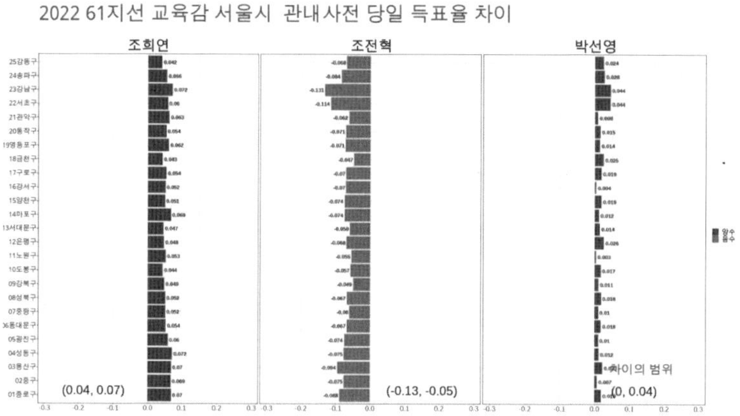

우대칭이 뚜렷한 너무나, 너무나 뚜렷한 전산조작의 흔적이 담긴 선거 데이터를 보고도 "절대로 부정선거 아닙니다. 제가 불찰해서 떨어진 것입니다"라고 말하였다. 앞으로 정치를 계속해야 하니까 그렇게 이야기할 수도 있다고 이해하려 하지만, 이번 기회에 옳고 그름은 분명히 할 필요가 있다.

그냥 사실을 말하겠다. 교육감 선거에서 사전투표 조작이 있었다는 것이 사실임과 동시에 사전투표 조작이 없었다는 것이 또 다른 사실일 수는 없다. 둘 중 하나는 사실이고 다른 하나는 거짓이다. 한마디로 정리하면 6·1 지방선거의 시도지사 선거, 기초자치단체장 선거와 똑같은 전산조작 방법을 사용해서 전국의 모든 교육감 선거를 조작하였다. 이것은 주장이 아니라, 추정이 아니라 그냥 팩트이다.

위와 같은 두 장의 차이값 그래프를 확인하는 것만으로 "서울시 교육감 선거에서 사전투표 조작이 있었다"는 것은 100%이다. 차이값1(관외사전-당일 득표율)과 차이값2(관내사전-당일 득표율)는 모두 전형적인 전산조작을 활용한 사전투표 조작을 나타내는 그래프들이다. 관외사전투표에서 조전혁은 관외사전투표 참가자수의 5~18%만큼의 표를 빼앗겼다. 관내사전투표에서 조전혁은 5~13%만큼의 표를 빼앗겼다. 이런 그래프는 정상 투표에서는 100% 나올 수 없다.

〈3-21〉 6·1 지방선거(서울시 교육감), 조작값

선거구	조희연	조전혁	조전혁 빼앗긴 득표수	사전투표 조작규모
종로구		50%	2,434표	4,868표
서초구		25%	4,848표	9,696표
성북구		50%	5,813표	11,626표

그렇다면 조전혁은 서울시 교육감 선거에서 얼마나 표를 도둑질 당했을까? 분석 결과를 다음과 같이 깔끔하게 정리할 수 있다.

첫째, 조전혁만 골라서 무자비한 사전투표 조작이 이루어졌다. 보수 교육감 후보 단일화에 소극적이었던 박선영과 조영달의 표에는 전혀 손을 대지 않았다. 당선 가능성이 높았던 조전혁 표만 골라서 빼앗았다.

둘째, 종로구에서 조전혁은 자신이 받은 사전투표 득표수 4,868표의 50%인 2,434표를 빼앗겼다.

셋째, 서초구에서 조전혁은 자신의 사전투표 득표수 1만 9,392표의 25%인 4,848표를 빼앗겼다. 조전혁에 대한 약탈이 얼마나 심했는가는 선관위 발표 조전혁 당일투표 득표율 41%, 사전투표 득표율 28%를 보면 알 수 있다. 차이값(사전-당일)이 무려 -13%나 된다. 당일투표에서 41%를 받은 후보가 어떻게 사전투표에서 28%를 받을 수 있는가! 무자비한 사전투표 득표수 약탈이 일어나고 말았다.

선관위는 서초구에서 조전혁이 1만 8,259표 승리했다고 공식적으로 발표하였다. 그러나 사전투표 조작을 수정한 재야 전문가 추정치는 2만 7,955표로 조전혁 승리다. 서초구에서만 조작된 사전투표 득표수 규모는 9,696표이다.

넷째, 성북구에서 조전혁은 자신이 받은 사전투표 득표수 1만 1,625표 가운데 50%인 5,813표를 빼앗겼다.

다섯째, 교육감 선거에 대한 전면적인 사전투표 조작은 무척 중요한 의미를 갖고 있다. 잘 알려진 바와 같이 교육감 후보는 정당 추천 후보가 아니다. 그럼에도 불구하고 2018년 지방선거에서 있었던 교육감 선거도 무자비한 조작이 있었는데, 2022년 교육감 선거도 마찬가지다. 이는 선거조작범들이 특정 노동단체의 강한 영향력 하에 있음을 의심하지 않을 수 없다. 국가가 특정 정치 세력에 의해 납치된 상태에 있다는 생각을 하지 않을 수 없다.

여섯째, 서울시 교육감은 물론이고 인천시 교육감 선거도 후보별 사전투표 득표수에서 일정한 규칙, 즉 조작값을 찾아낼 수 있다. 이는 인천시 교육감 선거의 후보별 사전투표 득표수도 일정한 조작 프로그램이 운영되었음을 뜻한다. 차이값은 정상적인 투표에선 나올 수 없는 크기다. 사전투표 득표수의 인위적인 증감, 즉 조작이 있었음은 좌우대칭과 큰 차이값에서 알 수 있다. 예를 들어 인천시 교육감 선거의 조작값은 중구 10%이다. 최계운 보수 후보의 사전투표 득표수 가운데 10%가 도성훈 좌파 후보로 전산조작에 의해 넘어갔다. 선거구별 조작값은 모두 밝혀진 상태다. 동구 10%, 미추홀구 10%, 연수구 10%, 남동구 5%, 부평구 10% 등이다. 이는 선관위가

〈3-22〉 6·1 지방선거(인천시 교육감), 차이값(관외사전-당일)

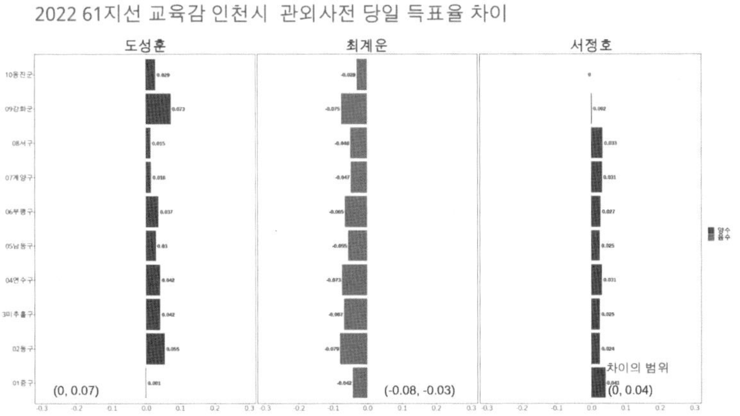

발표한 인천 교육감 선거의 후보별 사전투표 득표수가 모두 전산 프로그램에 의해 만들어진 숫자임을 의미한다.

일곱째, 서울 교육감과 인천 교육감 사례를 보면 조작값은 다르겠지만 전국의 모든 교육감 선거에서 사전투표 조작이 있었다고 본다. 지금 대한민국의 선거는 완전히 특정 세력에 의해 장악된 상태에 있다. 선거가 넘어간 것은 곧바로 대한민국이 납치 상태에 있음을 뜻한다. 모든 선거가 다 그런 참담한 지경에 놓여 있다. 그럼에도 불구하고 다들 한번 더 해먹겠다고, 선관위 눈치를 보고 선거사기에 입을 꾹 다물고 있는 인간군상들로 가득 찬 사회가 되고 말았다.

제4장

4·15 총선

"4·15 총선은 가장 화끈하게 조작을 행한 공직선거다. 2017 대선에서 시운전을 하고, 자신감을 얻은 선거사기범들은 2018 지방선거에서 조작규모를 늘려서 지방선거 압승의 기염을 토한다. 용기를 얻은 다음 가장 화끈하게 4·15 총선에서 조작을 했다. 그런 지저분한 선거로 당선된 자들이 지금 여의도 의사당을 주름잡고 있다. 전남, 전북, 광주광역시의 일부 국회의원들을 제외한 민주당의 국회의원들이 전산조작으로부터 자유롭지 않다. 가짜 천국, 사기 천국 대한민국!"

1

선거사기, 종합세트

'선거사무를 담당하는 사람들이 어련히 알아서 잘하겠나.' 4·15 총선 이전에 대부분 국민이 선거에 대해 갖고 있는 생각이었을 것이다. 나도 마찬가지였다. 4·15 총선 이전까지만 하더라도 단 한 번도 선거부정이나 선거사기라는 단어를 떠올린 일이 없다. 운명적으로 선거사기 문제를 본격적으로 들여다보기 시작한 것은 바실리아TV의 조슈아 님이 제공한 엑셀 분석을 통한 차이값(사전-당일투표 득표율) 그래프를 확인하면서다.

2016 총선과 2020 총선

전산조작과 실물 위조투표지 투입이 병행된 4·15 총선의 특성을 가장 극적으로 보여주는 것은 중앙선관위가 발표한 후보별 차이값(사전-당일투표 득표율)이다.

다음 그래프는 서울시 총선 결과이다.

"2016 총선: 사전투표와 당일투표 득표율 차이는 평균 2.8%로 양 후보의 격차는 5.6% 차이가 난다.

2020 총선: 사전투표와 당일투표 득표율 차이는 평균 11.7%로 양 후보 격차는 23.5% 차이가 난다."

선거처럼 투표자수가 많은 경우, 즉 표본의 수가 많은 경우에 모집단과 표본집단의 통계적 특성은 같거나 비슷해야 한다. 통계학의 기둥에 해당하는 대수의 법칙은 특정 후보가 얻은 사전투표 득표율과 당일투표 득표율이 오차범위(0~3%) 이내에 위치해야 한다고 말한다. 이를 위반해서 아주 큰 차이값의 출현은 사전투표 득표수 증감과 같은 부정선거가 발생하였을 가능성이 높음을 말해주고 있다.

2016 총선은 서울 시내 전역에서 새누리당 후보와 민주당 후보가 정상 투표를 하였음을 말한다. 그러나 2020 총선은 민주당 +11.7%, 통합당 -11.7%라는 엄청나게 큰 차이값을 보여주고 있다. 전산조작을 통해 통합당 후보의 표를 빼앗아서 같은 득표수만큼을 민주당 후보에게 더하지 않고선 일어날 수 없는 일이다.

정상과 비정상, 숫자는 정직하다

20대 총선(2016년)과 21대 총선(2020년)의 정상과 비정상을 한눈에 파악할 수 있는 방법이 있다. 차이값(사전-당일투표 득표율)의 정규분포가 봉우리가 하나(일봉)인가, 아니면 봉우리가 두 개(쌍봉)인가를 확인하는 것이다. 봉우리가 평균값 0을 중심으로 하나인 것은 정상 투표를 말하지만, 평균값 0으로부터 멀어진 봉우리가 두 개인 경우는 비정상 투표를 말한다.

〈4-2〉 20대 총선과 21대 총선: 대구, 부산

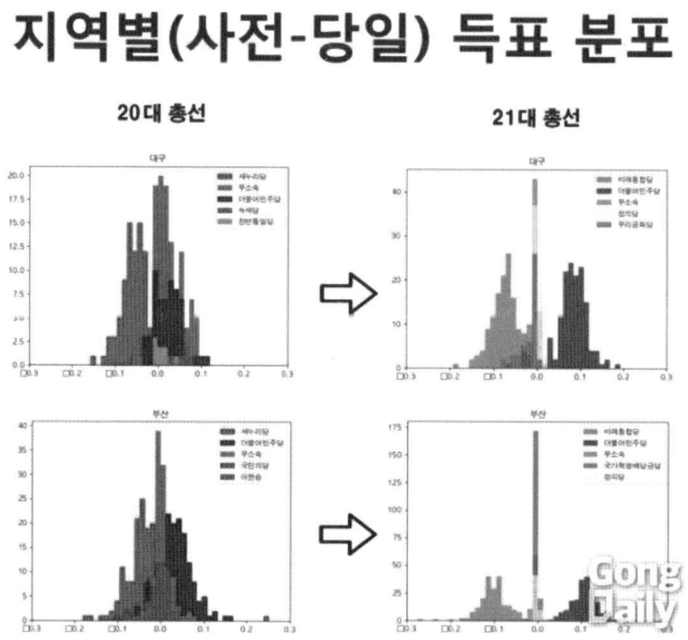

〈4-2〉 좌측의 20대 총선(2016년)은 사전투표 조작이 없었다. 반면 우측의 21대 총선(2020년)은 사전투표가 조작된 경우다. 상단은 대구 사례이고, 하단은 부산 사례다. 사전투표 조작이 없었던 2016 총선에서는 대구나 부산 모두 평균값 0을 중심으로 종모양의 정규분포를 취하고 있다.

반면 사전투표 조작이 발생한 2020 총선에서는 0을 중심으로 플러스 쪽에 민주당 후보들이 위치해 있다. 반면 마이너스 쪽에 통합당 후보들이 위치해 있다. 플러스와 마이너스 쪽에 각각의 봉우리를 가진 종모양 분포 두 개를 확인할 수 있다. 전국의 지역구에 대한 사

〈4-3〉 20대 총선과 21대 총선: 전북, 전남

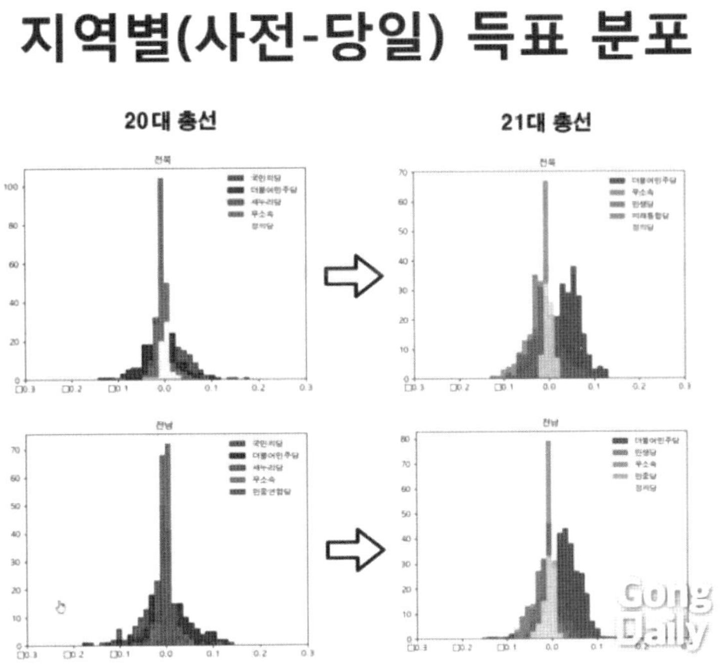

전투표 조작이 없다면 나올 수 없는 선거 결과이다.

21대 총선(2020년)에서도 전남, 전북, 광주광역시는 일부 지역에서만 가벼운 사전투표 조작이 있었을 뿐이다. 따라서 20대 총선이나 21대 총선의 전체 모습은 정상 투표에 가깝다. 따라서 20대 총선은 물론이고 21대 총선도 대체로 평균값 0을 중심으로 봉우리가 하나(일봉)인 모습이다.

대법관 민유숙이 비례대표 선거무효소송의 진행을 합당한 이유 없이 거부하였다. 도저히 투표함을 개봉할 수가 없었을 것이다. 선거

〈4-4〉 20대 총선(비례대표): 2016년과 2020년

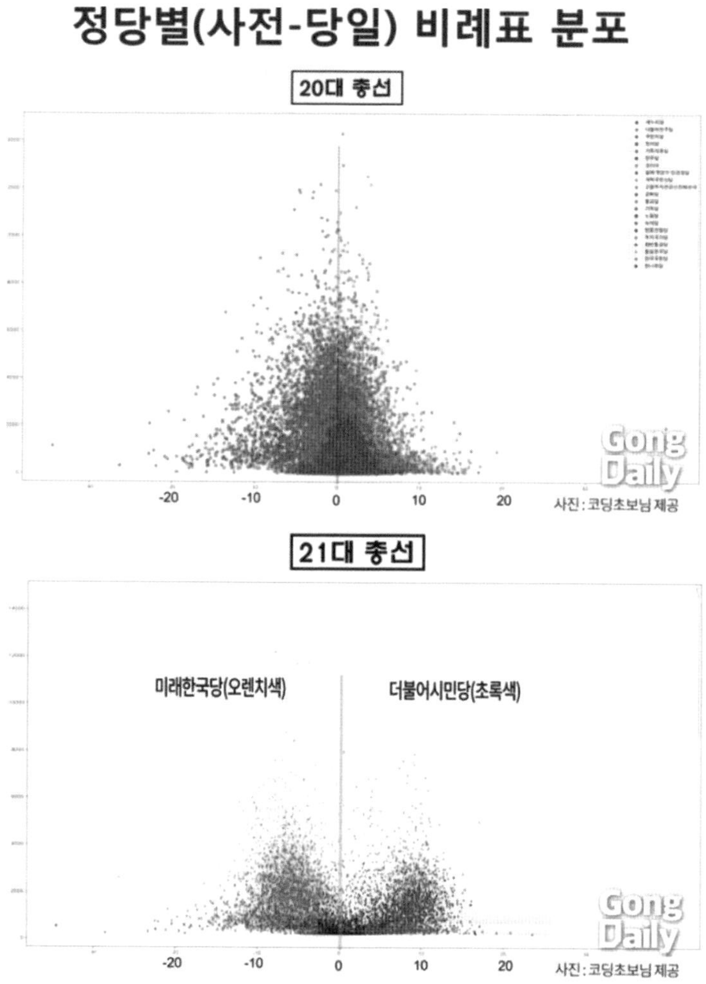

사기범들이 행한 투표지 위증감죄가 투표함에 들어 있었을 것으로 보기 때문이다. 선거 범죄를 덮어주기 위해 눈물겨운 노력을 하는 민유숙의 행위에서 우리는 선관위와 대법관이 하나의 세력이란 생각을 한다.

투표처럼 표본수가 엄청나게 큰 경우엔 차이값(사전-당일 득표율)은 0에 접근해야 한다. 따라서 각 선거구에서 후보들이 얻은 차이값은 0을 중심으로 종모양, 즉 정규분포를 해야 정상이다.

20대 총선(2016년)에서 비례대표 선거 결과는 0값을 중심으로 분포된 정상 투표이다. 비례대표에 참가한 모든 후보들(정당들)의 차이값은 0을 중심으로 하는 정규분포이다.

하지만 21대 총선(2020년)에서 민주당의 대표적인 위성정당인 더불어시민당은 0을 중심으로 인위적으로 오른쪽(+)으로 옮겨져 종모양을 취하고 있다. 반면 통합당 위성정당인 미래한국당은 왼쪽(-)으로 옮겨진 종모양을 취하고 있다. 봉우리가 하나가 아니라 봉우리가 두 개다. 전산조작범들이 더불어시민당을 사전투표 득표수를 더해서 플러스 쪽으로 옮기고, 미래한국당은 득표수를 빼앗아서 마이너스 쪽으로 옮겨버렸음을 말하고 있다.

전산조작을 통해 차이값(사전투표 득표율-당일투표 득표율)의 구성요소 가운데 사전투표 득표율을 증감하는 행위가 일어났음을 확인할 수 있다. 미래한국당에게 던진 투표자들의 사전투표 득표수를 감소시키고, 더불어시민당에게 사전투표 득표수를 증가시킨 일이 일어났음을 말해준다. 투표의 위조 및 증감죄가 저질러졌음을 말해주고 있다.

대표적인 정당 후보들의 차이값을 확인하면 전산조작의 실체

〈4-5〉 20대 총선(비례대표), 차이값 분포

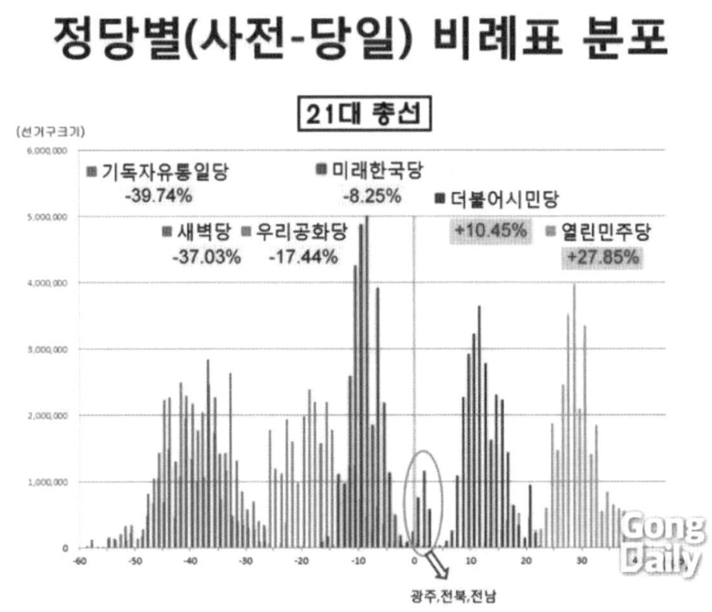

를 더욱 선명하게 파악할 수 있다. 우파 성향이 강한 미래한국당(-8.25%), 우리공화당(-17.44%), 새벽당(-37.03%), 기독자유통일당(-39.74%) 순서로 마이너스 방향으로 치우친 모습니다. 반면 좌파 성향이 강한 더불어시민당(+10.45%), 열린민주당(+27.85%)은 플러스 방향으로 치우진 모습이다.

정상 투표인 평균값 0을 중심으로 자연스러운 분포가 아니다. 통합당과 같은 노선의 위성정당들은 왼쪽(-)으로 옮겨놓고, 민주당과 같은 노선의 위성정당들은 오른쪽(+)으로 옮겨놓았다. 사전투표 득표수에 대한 조직적인 전산조작이 만든 작품이다.

전국의 접전지역 민주당 압승, 교차투표

"조작에 장사가 있을 수 없다." 특히 접전지역인 경우에는 사전투표 조작이 존재하는 한 전산조작범들에 맞서서 국민들이 이길 수가 없다.

접전지역에서 어떻게 선거 결과를 뒤집을 수 있는가를 살펴보기 위해 부산 남구을(이언주 후보)의 사례를 보자. 좌측은 지역구 후보별 득표율, 우측은 비례대표 득표율이다.

첫째, 가장 좌측(지역구 사전투표)을 제외한 3개의 투표(지역구 당일, 비례 사전, 비례 당일)에서 부산 남구을 투표자들은 통합당에게 압도적인 지지를 보였다. 막대그래프 높이가 모두 통합당이 높다. 그래서 화살표가 위로 향하고 있다.

〈4-6〉 접전지역의 교차투표: 부산 남구을

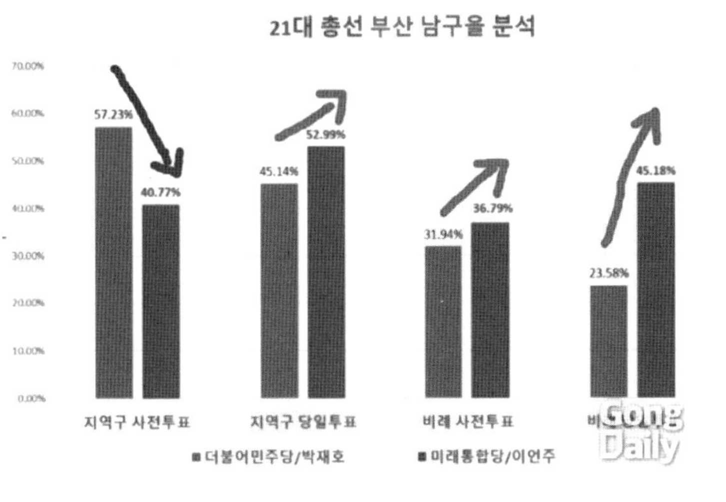

둘째, 유일하게 지역구 사전투표(가장 좌측)에서만 통합당 후보가 크게 패배하고 말았다. 민주당 후보 사전득표율 57.2%, 통합당 후보 사전득표율 40.77%이다. 여기서만 전형적인 교차투표가 일어났음을 말해준다.

셋째, 이언주(통합당)는 당일투표에서 52.99%로 압승했다. 그런데 사전투표에서 40.77%로 대패하였다. 이게 말이 되는 이야기인가! 전산조작의 핵심은 이처럼 사전투표 득표율을 조작해서 승리하여 상대 후보를 낙선시키는 일이다.

넷째, 박재호(민주당)는 당일투표에서 45.14%로 대패했다. 그런데 사전투표에서 57.23%로 대승하였다. 이건 그냥 조작이라고밖에 볼 수 없다. 부산 남구 투표자들이 모두 정신줄을 놓지 않는 한 이런 선거 결과는 나올 수 없다. 박재호 차이값(사전-당일)은 +12.09%이고, 이언주는 -12.22%이다. 결국 사전투표 투표자수의 24% 내외의 득표수를 전산조작으로 이동시켜 당일투표에 압승한 후보를 낙선시켜버렸다. 전산조작엔 정말 장사가 있을 수 없다.

2

화끈한 도둑질

2017 대선부터 모든 공직선거 가운데서 조작률이나 조작규모에서 가장 화끈하게 선거를 훔친 선거가 2020년 4·15 총선이다. 2018년 6·13 지방선거에서 전산조작의 재미를 한껏 만끽한 정치세력들은 선거를 마음껏 농락하였다. 그렇게 당선된 자들이 마음껏 호통치고 고함치는 광경을 3년 동안 거의 매일 보고 있다. 4·15 총선 이전에 나를 포함한 대다수 사람들은 부정선거 발생 가능성조차 의심하지 않았다.

4·15 총선(서울), 민주당으로 16개 이동

4·15 총선 역시 다른 공직선거들과 마찬가지로 후보별 사전투표 득표수가 모두 손을 탔다. 선관위 발표 자료 분석은 전산조작의 가공할 위력을 우리에게 생생하게 말해주고 있다. 재야 전문가는 선관위 발표 후보별 득표수를 분석해서 조작값, 총조작규모, 탈취당한 의석수 등을 상세하게 분석하였다.

지면 제약 때문에 서울의 49개 지역만을 우선적으로 살펴본다. 재야 전문가가 선관위 발표 선거 데이터에서 후보별 사전투표 득표수 조작을 제거한 결과는 다음과 같다(〈4-7〉 참조).

첫째, 선관위가 발표한 서울 지역 4·15 총선 의석수는 민주당(46석), 통합당(3석)이다. 선관위가 발표한 후보별 사전투표 득표수에서 조작값을 찾아낼 수 있다. 이는 선관위가 발표한 후보별 사전투표 득표수가 모두 전산 프로그램에 조작값을 입력해서 '만들어진 숫자'를 뜻한다.

둘째, 재야 전문가는 선관위 발표 후보별 사전투표 득표수에서

〈4-7〉 4·15 총선(서울), 16개 자리 이동

구분	민주당	통합당	무소속	격차
선관위 발표	46석	3석		
수정 추정치 (사전투표 조작 제거)	30석	19석		
사전투표 득표율 (선관위)	60%	34%	0.74%	26%
수정 추정치 (사전투표 조작 제거)	47%	46%	1.16%	1%
조작률	12.97%	−12.55%		

조작값을 활용해서 조작되지 않는 후보별 진짜 사전투표 득표수를 복원하는 데 성공한다. 이 결과 민주당 30석, 통합당 19석으로 수정치를 발표하였다. 이는 서울 지역 49개 지역구 의석수 가운데 16석이 사전투표 조작으로 민주당으로 넘어갔음을 뜻한다.

셋째, 선관위는 4·15 총선(서울 지역구)의 선거 결과에 대해 사전투표 득표율 기준으로 민주당 60%, 통합당 34%라고 발표하였다. 민주당이 26% 격차로 압도적으로 사전투표에 승리하였다는 것이다.

넷째, 선관위 발표 자료에서 후보별 사전투표 득표수에서 조작된 부분을 제거하면 수정치는 민주당 47%, 통합당 46%이다. 이는 불과 1% 미만의 격차로 민주당이 간신히 승리하였음을 말한다. 1%도 되지 않는 민주당과 통합당 사전투표 득표율은 사전투표 조작에 의해 득표율 기준으로 무려 26%나 확대되었음을 알 수 있다.

이런 사전투표 조작의 결과로 통합당이 승리한 16개 의석을 민주당이 갖게 되었다. 이것이 4·15 총선 서울 지역구 실상이다. 이 같은 이야기는 전국에 모두 다 적용될 수 있을 것이다.

다섯째, 사전투표 득표율 기준으로 서울 지역에서 조작 총규모는 사전투표 참가자수(사전투표 투표자수)의 약 25.52%이다. 절반인 -12.55%가 통합당 후보들이 얻은 사전투표 득표수를 빼앗은 것이고, 나머지 절반인 +12.97%가 민주당 후보들에게 더해진 사전투표 득표수를 득표율 기준으로 환산한 것이다.

전산조작은 늘 절반은 빼앗고 나머지 절반은 빼앗은 것만큼을 상대방 후보에게 더해주는 좌우대칭 구조를 갖고 있음을 주목해야 한다. 선거가 아니고 조작질이라 불러도 손색이 없는 짓들을 선거사무를 담당하는 자들이 저질렀다.

모두 조작값 발견

서울의 49개 지역에 대한 선관위 발표 선거 데이터에서 조작값을 찾아냈다는 이야기는 무엇을 의미하는가? 모든 지역의 후보별 사전투표 득표수가 전산 프로그램을 이용해서 '만들어진 숫자'라는 것이다.

첫째, 전산조작을 실행에 옮기는 선거사기범 입맛대로 조작값을 입력해서 원하는 대로 후보별 사전투표 득표수를 만들어낼 수 있음을 알 수 있다.

둘째, 4·15 총선 서울 49개 지역구 후보별 사전투표 득표수는 모두 만들어진 숫자다. 따라서 선관위 발표 득표수를 분석해서 30~45%에 이르는 조작값을 찾아낼 수 있었다.

셋째, 사전투표에 대한 전산조작은 통합당 후보에게서 빼앗은 득표수만큼을 민주당 후보에게 더하는 방식으로 이루어진다. 따라서 사전투표 조작규모는 통합당 후보와 여타 후보가 빼앗긴 득표수의 합이 된다.

〈4–8〉 4·15 총선(서울 지역구), 조작값

선거구	민주당	통합당	통합당 빼앗긴 득표수	사전투표 조작규모
종로구(황교안)		45%	6,798표	14,160표
중구(지상욱)		30%	6,187표	12,592표
동작구을(나경원)		30%	5,529표	11,578표
노원구병(이준석)		30%	4,783표	9,942표
서초구갑(윤희숙)		30%	7,306표	14,742표

주: 조작값은 사전투표 득표수에서 빼앗긴 득표수 비중

〈4-9〉 4·15 총선(서울 중구), 조작규모

	박성준(민주당)	지상욱(통합당)
사전투표 득표율	60%	40%
당일투표 득표율	46%	53%
차이값	13.4%	-13.3%
조작규모	+26.8%	

주: 조작규모는 사전투표 선거인수 기준

넷째, 선관위 발표 후보별 득표수에서 찾아낸 조작값은 사전투표 투표자수 기준으로도 해석이 가능하다. 예를 들어 중구(지상욱) 후보의 사전투표 득표수에 대한 조작값은 30%이다. 이는 지상욱이 얻은 사전투표 득표수 가운데 30%인 6,187표를 빼앗아 같은 수만큼을 민주당 후보에게 더했다는 이야기다.

이를 사전투표 투표자수 기준으로 환원하면 지상욱 후보에게서 -13.3%를 빼앗고, 민주당 후보에게 +13.4%만큼 더한 것을 뜻한다. 사전투표 투표자수 기준으로 보면 26.9%에 해당하는 득표수만큼이 전산조작으로 이동했음을 뜻한다.

이것이 얼마나 저질스런 조작인지를 확인해볼 필요가 있다. 박성준(민주당)이 당일투표에서 46%를 얻었는데 어떻게 사전투표에서 60%를 얻을 수 있는가! 중구 구민들이 모두 다 정신이 나가더라도 4박5일 사이를 두고 벌어지는 사전투표와 당일투표에서 이같이 큰 차이가 날 수 없다. 정상 투표라면 박성준(민주당)의 사전투표 득표율은 당일투표 득표율과 비슷한 46% 가까이 나와야 한다.

지상욱의 경우도 당일투표 득표율(53%)인 후보가 어떻게 사전투표 득표율(40%)이 이처럼 뚝 떨어질 수 있는가! 표를 무더기로 빼앗졌기 때문이다. 그럼에도 불구하고 지상욱도 계속해서 정치를 해야 하기에 입을 다물었다. 국민의힘 국회의원들이 대부분 불법과 부정에 입을 꾹 다물고 만다. 다들 관심은 한 번 더 해먹는 것뿐이니까.

지상욱, 30%(6,187표) 빼앗기다

선관위 발표 선거 데이터는 심하게 조작된 상태이기 때문에 재야 전문가의 예리한 분석을 벗어날 길이 없다. 선거조작범들이 남긴 최고의 선거사기 증거물로서는 이만한 것이 없을 것이다. 4·15 총선 서울 중구 선거 데이터에서 조작값(30%)을 찾아내는 과정은 다음과 같이 구성된다(〈4-10〉 참조).

사전투표 조작으로 차이값(사전-당일)이 어마어마하게 크게 나온 왼쪽 자료가 선관위 자료이다. 차이값의 크기 오차범위 내는 물론이고 가장 작은 값을 가질 때까지 조작값의 조합을 입력하다 보면 결국 최종 조작값을 찾아내게 된다. "딩동댕! 4·15 총선(서울중구)의 조작값은 지상욱과 이주양 각각 30%입니다."

〈4-10〉 조작값(30%) 탐색: 4·15 총선(서울 중구)

	선관위: 사전투표 조작 상태				조작값 발견: 사전투표 조작 없는 상태		
	박성준 (민주당)	지상욱 (통합당)	이주양 (혁명당)		박성준 (민주당)	지상욱 (통합당)	이주양 (혁명당)
사전	0.60	0.40	0.01		0.48	0.51	0.01
당일	0.46	0.53	0.01	→	0.46	0.53	0.01
차이	0.134	0.133	0.001		0.014	−0.014	0.001

〈4-11〉 4·15 총선(서울 중구), 사전투표 조작

21대 총선 서울 중구 성동구 을 사전투표 조작

	더불어민주당	미래통합당	국가혁명배당금당				사전투표
	박성준	지상욱	이주양				선거인수
1.발표득표수	31,114	20,624	362				53,507
득표율기준	0.58	0.39	0.01				
	11.77%	11.56%	0.20%				본인표중
2.사전투표 조작수	6,296	6,187	109	-			상수값
사전투표선거인수	-	30%	30%	0%	0%	0%	60%
3.예상 득표수	24,818	26,811	471				
득표율 기준	0.46	0.50	0.01		-	-	

거소투표 조작은 제외 했고 숫자는 포함됨 , 득표율은 투표인수와 나누어졌음

예상 득표수는 다소 차이가 있음

이 같은 조작값 발견의 최종 결과물은 이와 같이 정리할 수 있다.

첫째, 지상욱은 자신이 받은 사전투표 득표수 2만 624표 가운데 30%(6,187표)를 빼앗기고 이주양은 자신이 받은 362표 가운데 30%(109표)를 빼앗긴다.

둘째, 이렇게 전산적으로 빼앗은 6,296표는 고스란히 박성준(민주당)에게 더해지게 된다.

셋째, 지상욱과 이주양에게서 표를 빼앗는 방식은 투표소 단위에서 한 걸음 더 나아가 동 단위에서 이루어진다.

4·15 총선(서울 49개 지역구), 60.5만 표 조작

49개 지역구에 대한 분석 작업이 끝나면, 4·15 총선에서 서울 지역구에서 사전투표에서 어느 정도의 득표수 조작이 있었는가를 추

정할 수 있다.

첫째, 49개 지역구에서 미래통합당 후보들은 사전투표 선거인수의 -12.18%만큼 표를 빼앗겼다. 반대로 민주당 후보들은 사전투표 선거인수의 +12.60%만큼의 표가 전산적으로 더해지게 된다. 다소의 오차는 사전투표 득표수 기준을 사전투표 선거인수 기준으로 전환하는 과정에서 발생한다.

둘째, 사전투표 조작 득표수 규모는 60만 5,914표이다. 2022년 6·1 지방선거(서울시장)의 경우는 서울 전역의 사전투표 조작 득표수 규모는 〈3-12〉에서 살펴본 바와 같이 28만, 4729표였다. 그래서 4·15 총선은 역대 공직선거에서 화끈하게 조작한 선거라고 부른다.

그러나 그들의 욕심은 끝이 없었다. 2022년 3·9 대선은 그들에게는 양보할 수 없는, 즉 절대로 패배할 수 없는 선거였다. 선거사기

〈4-12〉 4·15 총선(서울 49개 지역구), 사전투표 조작

21대 총선 서울 전체 투표 조작율

	더불어민주당	미래통합당				사전투표
						선거인수
1.발표득표수	1,416,348	800,635		0	0	2,373,399
득표율기준	0.60	0.34		-	-	
		- 0.27				본인표중
2사전투표 조작수 평균	307,943	- 297,971		-	-	총조작값
사전투표 선거인수	12.60%	-12.18%		-	-	24.78%
3.예상 득표수	1,108,405	1,098,606		0	0	
득표율 기준	0.47	0.46		-	-	

거소투표 조작은 제외 했고 숫자는 포함됨 , 득표율은 투표인수와 나누어졌음

예상 득표수는 다소 차이가 있음

세력들이 3·9 대선의 서울 지역에서 훔쳐간 사전투표 득표수는 약 70만 7,000표로 추정된다. 윤석열이 받은 사전투표 득표수 가운데 빼앗긴 표수만 하더라도 약 34만 3,000표로 추계된다. 절대규모 면에서 1등은 3·9 대선이다. 그러나 4·15 총선의 경우 서울의 경우 집전지역이 많기 때문에 몇천 표 정도만 조작을 해도 압승할 수 있음을 염두에 둬야 할 것이다.

셋째, 4·15 총선 49개 선거구에서 선관위 선거 데이터는 민주당이 사전투표 득표율 기준으로 26%나 앞섰다는 내용을 담고 있다. 즉 사전투표 득표율 기준으로 민주당 60%, 통합당 34%로 민주당이 앞선 선거라는 것이 선관위 발표 후보별 사전투표 득표수다.

그러나 실제로 사전투표 조작을 제거하고 나면 민주당은 불과 1% 정도를 앞섰을 뿐이다. 민주당 47%, 통합당 46%이다. 초접전의 선거를 26%나 앞선 선거로 둔갑시킨 선관위 발표 자료는 그야말로 기네스북 등재감이다(참고: 《도둑놈들 4: 2020 4·15 총선, 어떻게 훔쳤나?》).

3
어떻게 조작했을까

국가의 공권력이란 것이 도대체 뭘 하는지 알 수 없는 세상이 되었다. 선거는 그야말로 국가를 떠받치는 대들보에 해당한다. 권력의 정당성은 모두 선거로부터 나오기 때문이다. 그러나 지금 돌아가는 꼴을 보면 조직적이고 체계적인 선거 범죄를 밝힐 의지를 갖고 있지 않은 것처럼 보인다.

구체적으로 누가 조작 시나리오를 짜는가? 조작 시나리오를 실행한 선거조작범은 누구누구인가? 선거사무를 담당하는 자들 가운데, 그리고 특정 정치 세력에 속하는 자들 가운데 어느 선까지 인지하고 있었는가? 누가 주범이고, 누가 공범이고, 누가 종범인지, 그리고 누가 부역자인가? 구체적으로 어떤 방식을 사용했는가? 이 같은 질문에 대한 답은 검찰 수사를 통해 밝혀질 수 있는 사안이다.

사실 3년 가까운 세월 동안 부정선거 규명을 위해 노력해온 사람들이 너무 많은 것을 밝혔기 때문에 검찰 수사관들이 마음만 먹으면 금세 밝힐 수 있다. 불법과 부정의 거의 전부를 찾아놓았기 때문이다.

그렇다면 선거사기범들은 어떤 수단을 사용해서 전산조작을 감행했을까? 검찰 수사를 통해 이것이 밝혀질 가능성이 희박한 상태에서 선거 데이터를 집중적으로 파헤쳐왔고, 전산 경험이 오래된 재야 전문가에게 몇 가지 질문을 던져봤다. 그의 추론을 여기서 소개한다.

재야 전문가, 전격 인터뷰

공병호: 신상을 밝힐 수 없지만, 이 방대한 작업을 혼자서 다 해온 재야 전문가님에 대해 궁금해하시는 분들이 많은데 소개 좀 해주시기 바랍니다.

재야 전문가: 저는 프로그램 관리 시스템을 운영하고 있습니다. 대기업의 시스템 관리는 거의 외주 관리 시스템으로 운영됩니다. 시스템 관리를 발주하고 월정액을 대기업이 지불하면서 저렴한 비용으로 시스템을 유지하는 체제입니다. 물론 수정 관리를 별도로 비용을 지불하곤 합니다.

공병호: 그러면 중앙선관위도 아주 큰 조직이기 때문에 대부분 대기업이 시스템을 관리하는 방식을 따를 가능성이 높을까요?

재야 전문가: 저는 그렇게 생각합니다. 외주를 통해 관리하고 있을 것으로 봅니다.
철저한 보안을 위해 외주 관리자가 사용하는 메인 노트북은 항상 그 서버 내에 배치하고 복사할 수 있는 모든 곳은 봉인지로 막고 유무선 이더넷은 사용하지 못하게 하고 있습니다. 중앙선관위도 거의 그렇게 하지 않을까요? 만약 그렇지 않다면 너무 심각한 일이지요. 아마도 아닐 것입니다.

공병호: 흥미로운 이야기를 제가 하나 해드리겠습니다. 4·15 총선의 문제점이 막 불거지기 시작한 2020년 5월 무렵, 나이가 꽤 드신 한 분이 전화를 했습니다. "저의 아들이 선관위 전산 담당 상위 직급에 있는데, 컴퓨터에 들어올 수 있는 문을 누구에게 모두 열어주라고 해서 걱정을 많이 하고 있다"는 이야기를 들었습니다.
재야 전문가: 그 점이 참 중요합니다. 내부 인력만이 아니라 외부 인력도 시스템 문을 열어주면 안방에 드나들 듯이 오갈 수 있습니다. 서버의 심각한 문제가 생겼다면 내부자들이 주범일까요? 중앙선관위 조직도를 찾아보니 한 2~3명의 인원이 서버를 관리하는 것으로 나와 있네요. 그럼 그들이 범인일까요? 저는 그렇게 생각하지 않습니다.

공병호: 그러면 누가 선거 데이터에 손을 대는 일을 했을까요?
재야 전문가: 대체로 대기업의 관리자는 프로그램을 잘하는 사람이라기보다는 관리와 위기를 잘 대처하는 사람, 그러니까 외

주 관리를 하는 사람이 그 자리에 있을 가능성이 많다고 생각합니다.

투표지 분류기, 의심스러워

공병호: 검찰 수사가 이루어지지 않은 상태에서 추측을 할 수밖에 없습니다만, 오랫동안 시스템을 관리해오셨으니까 조금 더 구체적으로 누가 선거 데이터를 만졌을 것으로 봅니까?
재야 전문가: 기본 프로그램은 기본 이상으로 보는 분이죠. 10년 이상 베테랑급은 아니지만. 제가 아는 상식으론 프로그램을 짤 땐 여러 사람이 있어야 하지만 틀이 만들어지면 오직 한 사람이 거의 마무리해야 합니다. 그래야 나중에 문제가 생겨도 그 당사자가 최대한 빨리 찾을 수 있으니까요.
저도 궁금한 것으로 중앙선관위가 외주 처리한다면 그 사람이 아마도 조작 프로그램을 잘 아는 사람이 아닐까라는 추측을 조심스럽게 해봅니다.

공병호: 대기업의 시스템 관리 체제를 보면, 선관위에서도 외주 업무를 맡은 사람들이 의심되시는 겁니까?
재야 전문가: 외주로 시스템 관리를 담당해온 사람의 경험에 바탕을 두고 추정해본다면 투표지 분류기를 잘 다루는 곳이 어디죠? 장비를 만든 곳이죠. 노트북? 프린트기? 분류기? 노트북과 프린트기는 분류기를 운용하기 위한 구성품이죠. 노트북 내에는 분

류기를 운용할 프로그램이 있죠. 그 프로그램을 누가 잘 만질 수 있는지가 중요하죠. 분명 거기에 해답이 있다고 저는 의심해봅니다. 제 경험을 미루어봤을 때 선거 데이터를 분석하기 시작할 무렵에 차이값 그래프를 보고 이렇게 생각했습니다. '이 친구들이 투표지 분류기를 갖고 장난을 쳤구나.' 선거 데이터 분석을 거의 마무리한 지금 시점에서도 마찬가지입니다. 물론 수사기관이 밝혀내야 할 일이지만, 전문가의 경험상 가능성이 가장 높은 조작 방법이라 생각합니다.

공병호: 4·15 총선에서는 이미 부여·청양군의 정진석 후보(현 국민의힘 비대위원장)가 투표지 분류기 오작동으로 거의 떨어진 뻔하지 않았습니까? 이후에 투표지 분류기의 단순한 오작동이 아니라고 생각하는 분들이 많지 않았습니까?

재야 전문가: 맞습니다. 저는 조작 방법을 세 가지로 나누어 투표지 분류기를 놓고 생각해봤습니다.

첫째, 무선통신으로 모처에서 투표지 분류기를 조작했다는 주장이 있습니다. 무선통신은 수천 대의 분류기를 혼자 또는 몇 명이 나누어 조작 프로그램을 관리했다는 것을 믿지 않습니다. 저는 절대 불가능하다고 생각합니다.

둘째, 투표지 분류기에 조작값은 미리 정해놓고 큐알코드 인식을 통해 숫자 증감으로 관리했다는 주장도 있습니다. 사전투표는 전산으로 그날 조작이 쉽고 간단하기에 선택했다고 봅니다. 투표지 분류기를 조작할 수 있는 사람은 각 지역 선관위 투표지 분류기 관리자들입니다. 관리자들이 사용하는 USB를 통해 중앙에서 정해진 조작률을 세팅해서 지역별로 조작했을 가능성 높아 보입니다.
왜냐하면 투표지 분류기는 소형 장비로 각각의 정해놓은 투표소별 관리하는 분류기를 정해놓고 사용해야 숫자를 조작 정리할 수 있기 때문이라 생각합니다.
저는 여기에 가능성이 높다고 생각합니다.
셋째, 메인 전산 시스템에서 조작 가능성을 본다면, 한두 사람 정도면 가능하지만 숫자를 일일이 정리하려면 엄청난 작업이 필요합니다.
제 생각은 투표지 분류기로 조작한 이후 각 투표소별 남은 숫자 찌꺼기를 정리하는 것으로 메인 혹은 보조 컴퓨터를 사용했을 가능성이 높아 보입니다. 중앙선관위 집계표와 각 지역별 선관위 집계표가 맞지 않기 때문에 다시 맞추기 위한 작업을 했을 것으로 생각합니다.
저는 A사 투표지 분류기 팀과 B사 메인 서버 전산 팀이 협업한 것 같은 생각이 듭니다. 이렇게 생각하는 데는 3·9 대선과 4·15 총선을 비교하면 답이 나옵니다. 정해진 숫자를 각 지역별 조작 값을 달리하려면 지역에 있는 사람들이 조작해야 각기 다른 조작률을 만들어낼 수 있다고 추론합니다.

300만 표 투입, 큰일 아냐

전산조작과 실물 위조투표지 투입, 이 두 가지 방법이 권력을 훔치는 데 동원되었다고 본다. 일반인들이 10만 표, 20만 표라는 이야기를 들으면 입이 딱 벌어지게 된다. 그래서 "그 많은 표를 투입하려면 엄청난 인력이 동원돼야 하는데 발각되지 않고 하는 것은 불가능합니다"라고 이야기하곤 한다.

인천 연수을 원고 측 소송을 기각한 대법원의 조재연, 천대엽, 이동원도 판결문에 비슷한 내용을 남겼다.

"수많은 사람들의 감시 하에 원고의 주장과 같은 부정한 행위를 하기 위해서는 고도의 전산 기술과 해킹 능력뿐만 아니라 대규모의 조직, 이를 뒷받침할 수 있는 막대한 재원이 필요할 것이나, 원고는 그와 같은 부정선거를 실행한 주체가 누구인지조차(중앙선관위인지, 아니면 제3자인지, 만약 제3자라면 어떤 세력인지) 증명하지 못하였다."

이런 황당한 엉터리 판결을 내렸다. 범인을 잡는 사람은 검찰이지, 어떻게 원고가 되어야 하나! 책임 소재를 살펴보면 내부 전산 관계자들이 범죄를 직접 저지르지 않고 시스템 문을 활짝 열어둔 상태에서 외부자들이 범죄를 행하였다고 하더라도 중앙선관위가 책임을 져야 한다. 대한민국 공직선거의 선거 데이터 생산의 최종 책임자는 중앙선거관리위원회다. 무식한 법관들의 불순한 의도가 담긴 판결문 가운데 일부이다.

한편 대선 후보였던 옥은호(클린행동 공동대표)는 위조투표지 투입에 대해 새로운 시각을 제공한다. 300만 표의 위조투표지 투입을 가정하면, 이 일이 쉬운 일이라고 주장한다. 그가 이메일과 함께 관련 자료를 보내왔다. 관련 자료는 대선 선거인수 4,419만 명, 사전투표율 33.78%를 가정하면 대략 1,500만 표가 나온다. 또다시 사전투표 조작규모를 20%로 잡으면 300만 표가 나온다. 300만 표라는 단어를 접하는 순간 입에 딱 벌어질 것이다. 그러나 그것이야말로 고정

관념에 해당할 수 있다.

2억 정도면 충분해!

“박사님, 300만 표 투입에 들어가는 인력과 비용이 얼마 크지 않습니다.

실제 3·9 대선에서 152개 선관위에 제 후보 벽보와 후보자 정보 문서를 배송해본 결과, 사전선거 선거인명부 300만 표 조작 후 2억 원 남짓, 20명 이내면 충분히 투입이 됩니다. 저도 처음에는 300만 표 투입이 어려울 것이라고 생각을 했었는데, 실제는 매우 쉬웠습니다.

3.9 대선에서 대구, 경북 등에서 300만 표 배달이 실패했던 것 같습니다.

문제는 승자는 대통령 권력을 쥐고, 패한 후보는 이미 후보 모금, 정당 국고 지원금으로 지출한 선거비용 500억 원을 국고 보전을 받아 챙기고, 지출처는 회계 처리도 없다는 것입니다. 그러니 부정선거로 패하더라도 돈을 챙기는 가장 불의한 선거인 것입니다. 이 법은 오세훈이 만들었습니다. 이 법 때문에 부정선거가 선거의 룰이 되어서 패자가 불만이 없는 것입니다.”

2022년 7월 29일 미디어A 라이브 방송에 등장하는 “선거조작에 동원될 종이 비용과 차량, 인원”이란 동영상에는 다음과 같은 내용이 나온다.

첫째, 300만 표 실물 위조투표지를 투입한다고 가정해보면, 실제 비용은 2억 남짓 소요된다.

둘째, A4용지 값(1,500만 원), 투표지 인쇄(1억 5,000만 원), 10톤 트럭 운송비 150만 원, 1.5톤 탑차 300만 원 총합계는 1억 6,950만 원이 소요된다.

셋째, 300만 표를 만드는 데 필요한 종이는 A4인쇄용 600박스면 충분하다. 박스 1개에서 5,000매 투표용지 인쇄가 가능하다. A4용지 1장에 사전투표용지 2장 인쇄가 가능하고, A4 박스 1개에 용지가 2,500매가 들어 있다.

셋째, 전국 253개 선관위 창고에 배송, 투입하는 데 걸리는 시간도 4일이면 충분하다. 300만 표 이송에 필요한 트럭도 10톤 트럭 1대면 충분하다. 전국 배송에 필요한 1.5톤 트럭 숫자는 6대면 충분하다.

옥은호 대표 주장은 고정관념을 뒤집는다. "설령 300만가량의 위조 사전투표지를 투표함에 하더라도 전혀 어렵지 않다. 비용도 얼마 들지 않는다."

제5장

2017 대선부터 모든 공직선거

"2016 총선은 정상선거였다. 이후의 모든 공직선거는 손을 댔다. 2017 대선에서 시운전하기 시작한 사전투표 조작은 2018년에 더 과감하게 실행되어 민주당의 지방권력 장악을 가능케 하였다. 이후 20년 집권론, 50년 집권론 등이 등장하게 된다. 이후 모든 공직선거는 동일한 방식으로 사전투표 득표수를 만들어내게 된다. 대한민국의 총체적 난국!"

1
2017 대선, 선거사기 개시

"시작이 어렵지 한 번 물꼬를 터고 나면 쉽지." 세상사를 관통하는 원리다. 악한 일이든 선한 일이든 시작이 어렵다. 악한 일의 경우 한 번 시작이 되고 나면 그런 악을 두 번, 세 번 반복적으로 저지르더라도 양심이 마비되어 죄책감도 느끼지 못하게 된다. 더욱 인간은 본래 자기합리화에 능한 존재이지 않은가! 선거를 도둑질하는 일조차 한 번 시작하는 것이 어렵지, 반복적으로 하는 것은 그 달콤한 이득에 빠져 그냥 다음부터는 자연스럽게 저지를 수 있게 된다.

전남, 전북, 광주 제외한 조작

정당이란 것이 권력을 쟁취하기 위한 결사체다. 권력 쟁취에 가장 중요한 행사가 선거다. 그럼에도 불구하고 국힘당의 전신인 자유한국당은 물론이고 미래통합당조차도 선거가 끝나고 난 다음 선거 데

〈5-1〉 2017 대선(전국), 차이값(관내사전-당일)

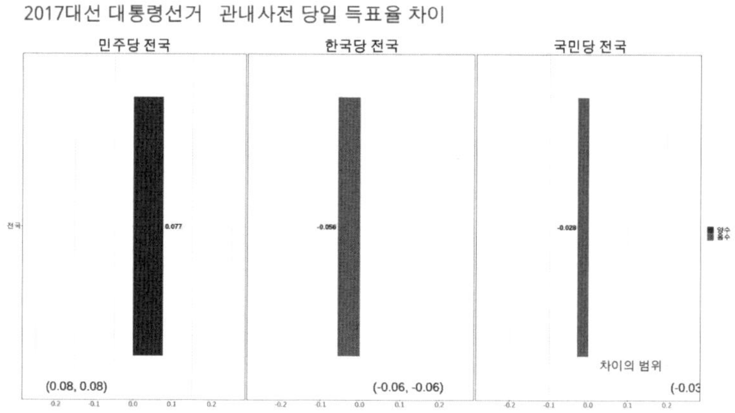

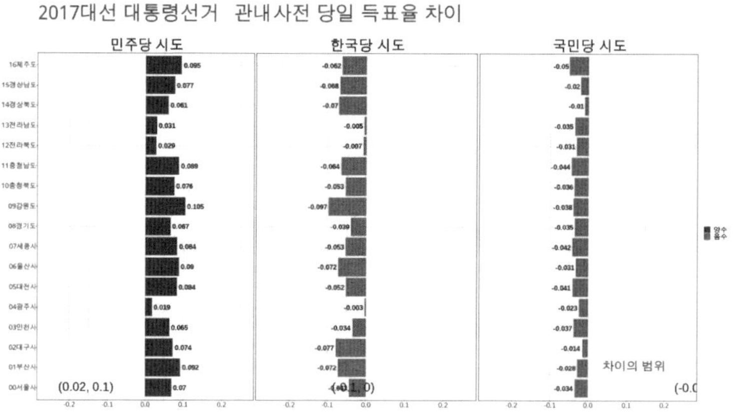

이터에 대한 기초적인 분석 작업을 한 적이 없는 것 같다. 검증이라고 부르기엔 턱없이 부족한 선거 데이터 분석 한 번 제대로 하지 않는 한국의 보수정당인 국민의힘이다. 물론 선거 사기질을 통해 가장 큰 이득을 누리는 더불어민주당은 말할 필요가 없다. 그들이 저지른 죄는 차마 입에 담을 수 없을 정도로 사악함 그 자체다.

2017 대통령 선거의 공정성을 판별할 수 있는 가장 간단한 자료는 17개 시도의 차이값(관내사전-당일투표 득표율)과 관련된 그래프이다. 다른 공직선거와 마찬가지로 홍준표(자유한국당)와 안철수(국민의당)의 표를 빼앗아서 민주당 후보에게로 옮기는 일이 2017 대선에서 일어났음을 알 수 있다.

전국 평균값 민주당 +7.7%, 자유한국당 -5.6%, 그리고 국민의당 -2.8%이다. 17개 시도 가운데서 전남, 전북, 광주광역시를 제외한 14개 광역시도의 차이값이 크다.

예를 들어 문재인의 차이값 제주도 +9.5%, 경남 +7.7%, 경북 +6.1%, 충남 +8.9%, 충북 +7.6%, 강원도 +10.5%, 경기도 +6.7%, 세종시 +8.4%, 울산시 +9%, 대전시 +8.4%, 인천시 +6.5%, 대구시 +7.4%, 부산시 +9.2%, 서울시 +7%이다. 전산조작을 통해 뺏은 관내사전투표 득표수를 듬뿍 문재인에게 얹어주지 않고선 가능하지 않은 숫자들이다.

문재인의 서울시 차이값은 더욱 볼 만하다. 25개 선거구의 차이값(관외사전-당일) +6~+9%는 사전투표 득표수를 더해주지 않고선 일어날 수 없는 일이다. 그런데 대구는 말문이 막힐 정도다. 자유한국당의 차이값은 최소 -14%에서 -23%이다. 관외사전투표(우편)를 완전히 갖고 놀았다고 본다. 4박5일 차이를 두고 사전투표와 당일투

〈5-2〉 2017 대선(서울, 대구), 차이값(관외사전-당일)

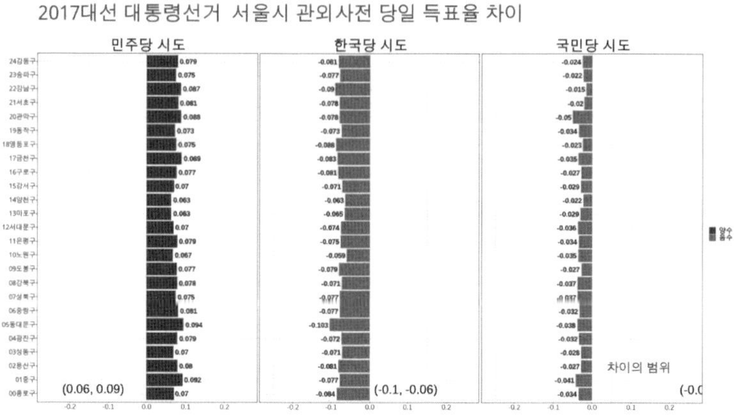

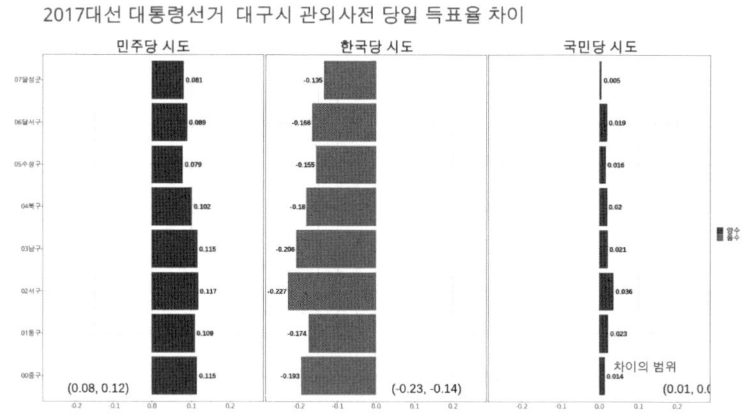

표가 이처럼 큰 차이가 나는 일은 어떤 경우든 불가능한 일이다. 대구시를 보면서 '해도 해도 너무했다'는 생각을 하게 된다.

조심스런 첫 번째 조작

어떤 일이든지 간에 한 번도 해보지 않은 일을 처음 시도할 때는 조심하게 마련이다. 전산조작을 통해 사전투표를 조작하는 일을 처음 시작하는 사람들도 가슴이 좀 떨렸을 것이다. 본인이 부정선거를 한다는 것쯤은 잘 알고 있었을 것이기 때문이다.

2017년 5·9 대선의 특징을 한 문장으로 표현하면 다음과 같다. "처음 해보는 일이라서 조심스럽게 조작했다." 다른 공직선거에 비해 조작규모가 낮은 선거다. 그럼에도 불구하고 그들이 사전투표를 조작한 것은 사실이다.

정확도가 높은 조작값을 찾아내기 위해서는 사전투표 득표수의 일정 부분을 빼앗는 방법을 사용하는 것이 더 적합하다. 그러나 2017 대선의 경우 재야 전문가의 초기 작업이기 때문에 사전투표 투표자수의 몇 퍼센트를 사용하였다. 미묘한 차이가 있지만 2017 대선의 조작 정도와 규모를 파악하는 데는 큰 문제가 없다고 생각한다.

〈5-3〉 2017 대선(서울, 부산, 대구), 조작값, 조작규모

선거구	문재인	홍준표	안철수	빼앗긴 사전투표 득표수 (사전투표 조작규모)
서울 종로구		5%(1,966표)	1%(393표)	2,359표(4,718표)
서울 구로구		5%(4,601표)	1%(920표)	5,521표(11,042표)
부산 사상구		10%(4,111표)	0%	4,111표(8,222표)
부산 해운대구		10%(8,874표)	0%	8,874표(17,748표)
대구 수성구		9%(8,501표)	1%(944표)	9,445표(18,890표)
대구 중구		10%(1,556표)	0%	1,556표(3,112표)

주: 조작값은 사전투표 선거인수 %

첫째, 서울 종로구의 경우 사전투표 조작을 실행에 옮긴 자들은 홍준표와 안철수에게서 사전투표 참가자수의 5%(1,966표)와 1%(393표)를 빼앗았다. 두 후보가 빼앗긴 사전투표 득표수는 2,359표이다. 빼앗은 만큼 문재인에게 더해주었기 때문에 사전투표 조작규모는 4,718표이다.

둘째, 부산 사상구와 해운대구에서는 홍준표에게서 10%를 빼앗았을 뿐 안철수가 얻은 득표수에는 일절 손을 대지 않았다.

셋째, 대구 수성구에서는 홍준표에게서 9%, 안철수에게서 1%를, 그리고 대구 중구에서는 홍준표에게서 10%를 빼앗았다. 어떤 기준으로 조작값이 결정되는지를 알 수 없지만, 중요한 것은 선거조작범

〈5-4〉 2017 대선(지역별), 조작값, 조작규모

선거구	문재인	홍준표	안철수	빼앗긴 사전투표 득표수
부산 북구		9%	1%	5,921표
인천 강화군		10%	1%	1,782표
인천 동구		5%	1%	855표
광주 서구		0%	0%	
대전 동구		8%	2%	5,052표
울산 중구		9%	1%	5,305표
울산 울주군		9%	1%	4,657표
경기 수원 장안구		4%	2%	3,767표
경남 창원 의창구		8%	2%	5,304표
제주특별자치도		7%	3%	8,910표
서울 서대문구		4%	3%	5,124표
서울 노원구		4%	4%	9,635표
서울 강서구		4%	3%	9,674표

주: 조작값은 사전투표 선거인수 %

이 자기 마음대로 조작값을 집어넣을 수 있다는 사실이다. 국민이 결정하는 선거가 아니라 선거조작범 마음대로 하는 선거가 대한민국 공직선거의 실상이다.

넷째, 부산 북구는 홍준표 9%, 안철수 1%를 빼앗아서 문재인에게 더해주었다. 특이한 것은 민주당의 텃밭인 광주 서구의 경우에는 사전투표 조작이 없었다는 점이다.

다섯째, 2017 대선은 첫 번째 사전투표 조작이 실행에 옮겨지는 선거였기 때문에 다양한 실험을 하였음을 알 수 있다. 이후의 공직선거에서는 서울시, 부산시 등의 선거구 단위에서 조작률이 대부분 동일하거나 소수의 선거구에서만 약간의 차이가 난다. 그런데 2017 대선에는 같은 서울이라도 구마다 다양한 조작률이 등장한다. 선거조작범이 충분한 경험이 없었기 때문에 이것저것 숫자를 넣으면서 조작을 했던 것으로 추측된다.

2017 대선과 2022 대선, 사고가 아니고서야

2017 대선은 처음 해보는 도둑질이었고, 2022 대선은 선거사기범들에겐 절대로 패배해서는 안 되는 선거였다. 처음 해보는 짓은 조심스럽게 할 것이고, 여러 번 해보고 난 다음에 경험이 쌓인 상태에서 필시 이겨야 하는 선거라면 눈을 딱 감고 조작질을 할 것이다.

2017 대선과 2022 대선에서 얼마나 표를 훔쳤는가? 여기서 두 가지 점을 주목해야 한다. 전수조사가 필요하겠지만, 다음의 도표만으로도 2017 대선은 조심스런 조작을 취했고 2022 대선은 과감한 조

〈5-5〉 2017 대선과 2022 대선, 빼앗은 득표수

선거구	2017 대선 빼앗긴 사전투표 득표수	2022 대선 빼앗긴 사전투표 득표수
서울 종로구	2,359표	7,568표
서울 구로구	5,521표	13,891표
부산 사상구	4,111표	4,983표
부산 해운대구	8,874표	10,582표
대구 수성구	9,445표	5,045표
대구 중구	1,556표	1,835표

주: 조작값은 사전투표 선거인수 %

작을 시도하였음을 알 수 있다. 주의할 점은 빼앗은 표가 이 정도이기 때문에 사전투표 조작을 위해 강제로 이동된 표수는 2배라는 점이다.

아주 흥미로운 곳은 대구 지역이다. 2022 대선에서 윤석열과 심상정이 빼앗긴 표가 너무 적다는 점이다. 예를 들어 대구광역시 수성구의 경우에는 2017 대선에서 홍준표와 안철수에게서 빼앗은 득표수 9,445표의 53%밖에 되지 않는 5,045표를 훔쳤다. 상식적으로 도저히 이해할 수 없는 일이다.

대구 중구도 마찬가지다. 2017 대선에서 1,556표를 훔쳤는데, 2022 대선에서 1,835표밖에 훔치지 않았다는 것은 납득할 수 없다. 바로 이것이 2022 대선에서 이재명이 패배한 원인 가운데 하나다.

경상북도와 대구광역시는 2022 대선의 조작규모가 상대적으로 크게 떨어진다. 만약 경북과 대구에서 좀 더 과감하게 조작을 했더라면 이재명이 승리를 쥐었을 것이다. 일각에서 대구와 경북에서 뭔가 특별한 이유로 사전투표 조작이 여의치 않았다는 이야기가 나오는 이유다.

대구 수성구 사례를 보면 선거사기범들이 전혀 예상치 못한 사고가 발생하였을 가능성이 높다. 그것이 전산조작에 의한 것이건, 아니면 실물 위조투표지 투입상에서의 애로사항 발생이건 간에 그들에겐 엄청난 불운이었다. 물론 국민과 대한민국에게는 어마어마한 행운이었지만 말이다.

2

2018 지방선거, 과감한 조작

"시운전을 거친 사전투표 조작이 날개를 달기 시작한 것은 2018 지방선거다. 사전투표 조작을 이용해서 그들은 지방권력을 거의 완벽에 가까울 정도로 장악하였다. 심지어 광역시의회까지 장악하는데 성공한다. 2018 지방선거 압승 이후에 본격적으로 민주당 내부에서 20년, 50년 장기집권론이 등장하기 시작한다."

2017년 대선에 대한 사전투표 조작은 선거사기 세력의 핵심 관계자들에게 엄청난 용기와 확신을 가져다주었을 것이다. '권력을 훔치는 것이 이렇게 간단하구나!'라는 확신이 2018 지방선거에서 과감한 조작으로 이어지게 된다. 그들은 2017 대선을 통해 이미 충분한 경험을 숙지한 상태였고, 트럼프-김정은 싱가포르 정상회담 개최로 과감한 조작을 하더라도 국민들은 전혀 눈치를 채지 못할 것으로 믿어 의심치 않았을 것이다.

2018 지방선거, 모두 훔쳤다

2018 지방선거의 가장 상징적인 사건은 25개 서울 구청장 가운데서 민주당이 24개를 차지한 일이다. 그리고 110석의 서울시의회 의원 가운데 102석을 싹쓸이한 것이다. 특히 민주당은 광역시의원 지역구 선거에서 강남구 내 3곳을 제외한 97석을 얻었다. 모두 조작을 통해 얻은 전리품이었다.

서울 구청장 선거에서 일어난 사전투표 조작은 서울시장 선거는 물론이고 17개 광역시도 선거, 기초자치단체장 선거, 광역시의회의원 선거 등에 모두 비슷한 방식으로 일어난 사기 사건이다.

〈5-6〉의 첫 번째 그래프는 서울 구청장 선거의 차이값1(관외사전-당일 득표율)이다. 무자비하게 사전투표가 조작되었다.

평균값 기준으로 민주당 +7~+16%이고, 자유한국당 -6~-17%이다. 특정 후보에 대한 사전투표 득표율과 당일투표 득표율이 이처럼 크게 차이가 날 수는 없다. 무자비한 사전투표 조작을 통해 자유한국당 후보가 얻은 사전투표 득표수를 전산적으로 빼앗아서 민주당 후보에게 더한 작업이 일어났음을 알 수 있다. 서초구에서는 민주당 +15.9%, 자유한국당 -17.4%라는 어마어마한 숫자가 나타났다.

두 번째 그래프인 차이값2(관내사전-당일 득표율)도 관외사전투표 조작에 비해 다소 정도가 덜할 뿐 똑같은 방식의 조작이 있었음을 알 수 있다. 관내사전투표의 경우도 전산조작을 통해 사전투표 득표

〈5-6〉 2018 지방선거(서울 구청장), 차이값(사전-당일)

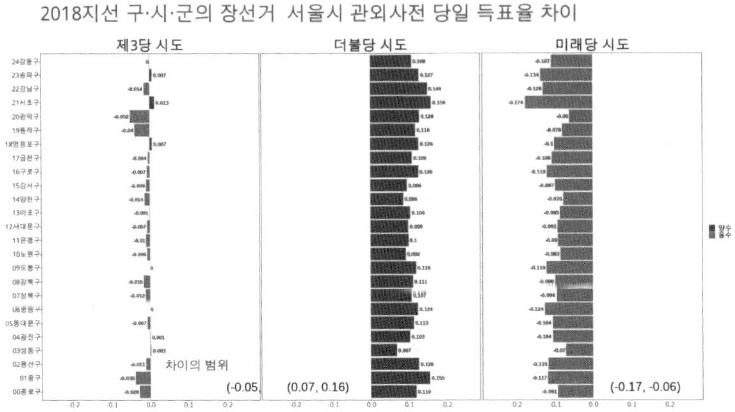

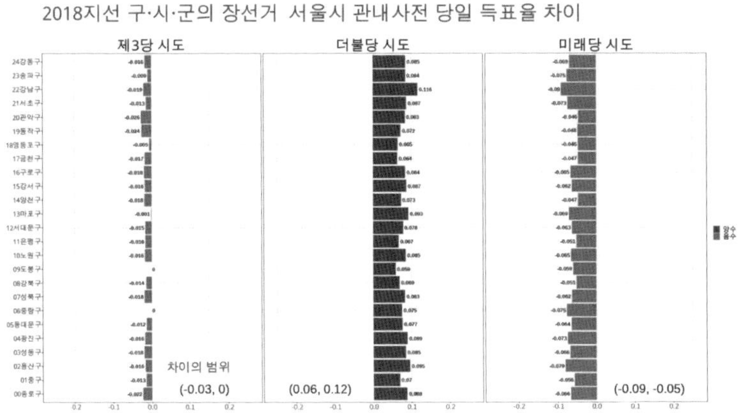

수를 조직적으로 이동시켰을 때 나타나는 전형적인 그래프이다.

서초구청장 선거는 구청장 선거에 대한 사전투표 조작을 실행할 때 동 단위에서 어떤 일이 일어나는가를 보여주고 있다. 서초구의 모든 동 단위에서 민주당은 당일투표 득표율에 비해 용인하기 힘들 정도로 사전투표 득표율이 높다. 최소 5%에서 최대 13%까지 높다.

〈5-7〉 2018 지방선거(서초구청장), 차이값(관내사전-당일)

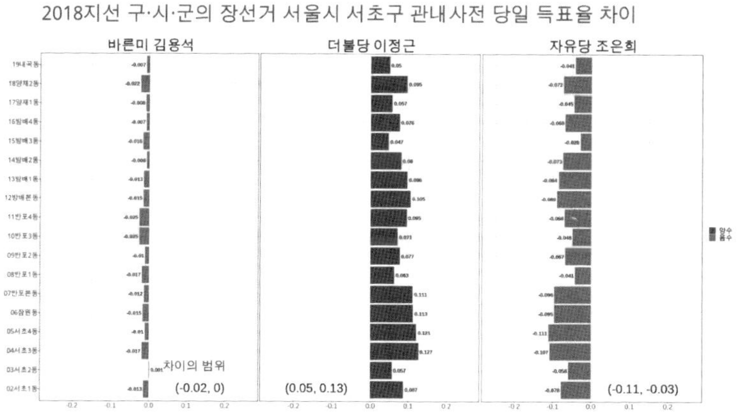

이만큼의 사전투표 득표수를 전산적으로 쑤셔 넣지 않고선 일어날 수 없는 일이다. 대한민국 인구 가운데 부유한 사람들이 손에 꼽을 정도로 많은 곳에서 민주당 후보가 모든 동에서 사전투표 압승을 했다고? 이런 짓을 저지른 자들이 대로를 활보하고 다닐 수 있는 세상이 되었다.

선거조작범들은 사전투표 득표수를 조작하면 그만일 것으로 생각했겠지만, 그들은 자신도 모르는 사이에 모든 범죄를 차이값(관내사전-당일)에 남겨놓고 말았다. 4·15 총선 인천 연수을 재판을 담당했던 조재연, 천대엽, 이동원의 눈에는 이런 것이 보이지 않았는지 궁금하다.

4박5일 사이에 서초구민들의 투표 성향이 180도 바뀔 수는 없다. 누가 이런 선거 데이터에 책임을 져야 하는가? 누구긴 누구이겠는가! 세금으로 밥 먹고 선거사무 제대로 하라고 설립한 기관이 중앙선관위와 지역선관위다. 서초구청장 선거에서 일어난 사건은 2018 지방선거는 물론이고 2017 대선 이후 대한민국의 모든 공직선거가 어떤 상황에 놓여 있는지를 말해주고 있다.

광역시의원까지, 손댔다

2018 지방선거에서 민주당은 110석의 서울시의회의원 가운데 102석을 싹쓸이하는 기염을 토했다. 얼마나 쉬운 일인가! 자신들이 짠 전산 프로그램에 조작값만 입력하면 얼마든지 광역시의원들의 득표수를 만들어낼 수 있으니 말이다.

한마디로 대한민국 선거는 국민이 하는 것이 아니라 밀실에서 몇 명인지 정확히 알 수 없지만 선거조작범들이 하고 있는 것을 격렬하

〈5-8〉 2018 지방선거(서울시의회의원), 차이값(관외사전-당일)

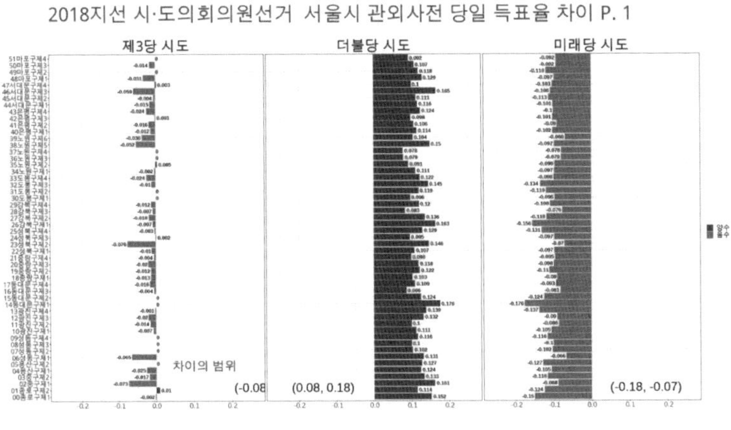

게 비난하지 않을 수 없다.

서울시의회의원 선거의 실상도 서울시 구청장 선거와 다를 바가 하나도 없다. 민주당 후보는 최소 8%에서 18% 차이값(관외사전-당일 득표율)이다. 관외사전투표 투표자수 가운데 선거구마다 8~18% 만큼의 사전투표 득표수를 더 얹어주었다는 말이다. 그냥 조작질을

〈5-9〉 2018 지방선거(서울시의회의원), 지역구 선거

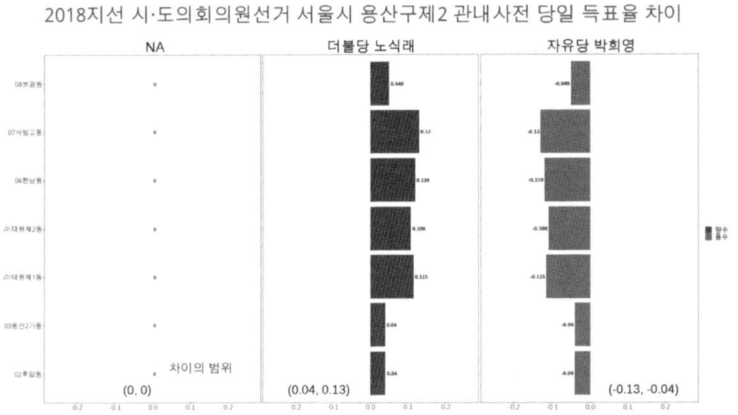

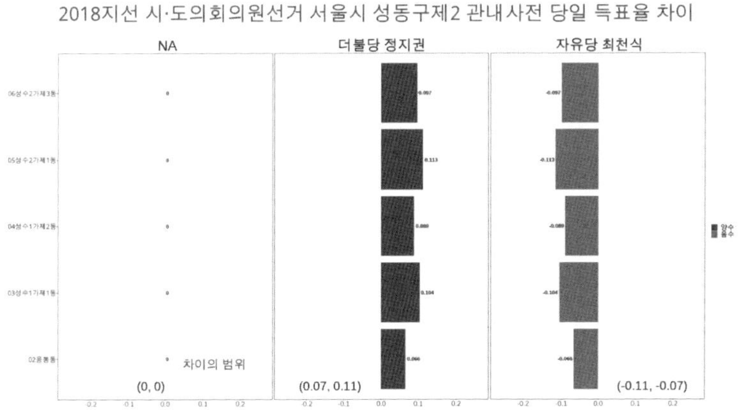

했다는 표현으로 충분치 않을 정도의 짓거리를 해서 서울시의회를 장악하였다.

선거사기범들이 저지른 범죄행위를 좀 더 명료하게 보려면 서울시의회의원 선출을 위한 용산구 제2관내사전투표의 차이값(관내사전-당일 득표율)을 보면 된다. 후보가 두 사람밖에 없기 때문에 동별로 어떤 조작이 일어났는가를 알 수 있다. 여러 번 강조한 바와 같이 사전투표 전산조작의 핵심은 동별 혹은 투표소별 조작이다.

7개 동에서 민주당의 플러스 값과 자유한국당의 마이너스 값이 정확하게 일치한다. 무엇을 뜻하는가? 동별로 자유한국당 후보의 관내사전투표 득표수 가운데 도둑질한 것만큼 전산적으로 그대로 민주당 후보에게 더해줬다는 이야기다. 예를 들어 보광동(+4.9%, -4.9%), 서빙고동(+13%, -13%), 한남동(+11.9%, -11.9%), 이태원제2동(+10.8%, -10.8%) 등이다. 보광동의 경우 관내사전투표 투표자수의 9.6%만큼 득표수를 조작하였다. 이를 위해 절반은 자유한국당 후보에게서 빼앗고, 빼앗은 만큼 민주당 후보에게 더하였다.

〈5-9〉 그래프 가운데 하나는 서울시의회의원(성동구) 제2투표소 결과이다. 5개 동 모두에서 성동구 제2관내사전투표의 차이값(관내사전-당일 득표율)이 동별로 민주당 후보의 플러스 값과 자유한국당 후보의 마이너스 값이 정확히 일치한다.

득표수가 하늘에서 뚝 떨어지는 것이 아니기 때문에 한국당 후보에게 빼앗은 만큼 정확하게 민주당 후보에게 더해주었다는 이야기다. 서울시 광역의회의원 선거에서 이런 사례는 수없이 찾아낼 수 있다. 이런 짓거리로 권력을 도둑질한 세력들에 눈을 감는 것은 나라가 그냥 망하자는 것과 다를 바가 없다.

문제는 모든 선거를 다 도둑질했다는 것이다. 2018 지방선거에서 교육감 선거도 철저하게 조작의 대상이 되었다. 구청장 선거, 시장 선거, 군수 선거 가리지 않고 전산 프로그램을 가동시켜 득표수를 조작하고, 이에 맞추어서 당락을 조작하였다.

2018 지방선거, 선거사기 실태

지금부터 2018 지방선거에서 민주당이 서초구청장 하나를 제외한 24자리를 차지한 비결을 살펴본다. 선관위 발표 서울 구청장 후보별 득표수는 모두 '만들어진 숫자'이다. 자유한국당 후보의 사전투표 득표수 가운데 일정 부분이 민주당 후보에게로 넘긴 관계식이 발견되기 때문이다. 재야 전문가가 찾아낸 서울 구청장 선거의 조작값은 다음과 같다.

〈5-10〉 2018 지방선거(서울 구청장), 조작값, 조작규모

선거구	민주당	한국당	바미당	빼앗긴 사전투표 득표수 (사전투표 조작규모)
종로구청장		7%(2,043표)	2%(584표)	2,627표(5,254표)
도봉구청장		8%(4,395표)		4,395표(8,790표)
중구청장		7%(1,739표)	2%(435표)	2,173표(4,346표)
송파구청장		9%(9,929표)	1%(1,092표)	10,922(21,844표)
강남구청장		10%(7,925표)	1%(792표)	10,302표(20,604표)
서초구청장		9%(6,093표)	1%(677표)	7,102표(14,204표)

주: 조작값은 사전투표 선거인수 %
강남구청장: 한국당(−10%), 바른미래당(−1%), 녹색당(−1%), 무소속(−1%)
서초구청장: 한국당(−9%), 바른미래당(−1%), 민주평화당(−1%)

첫째, 2018 지방선거의 서울 구청장 선거는 모두 조작값을 활용해서 한국당, 바른미래당, 그 밖의 정당 및 무소속 후보의 사전투표 득표수를 빼앗아서 민주당 후보에게 더하는 전형적인 전산조작이 행해졌다.

둘째, 25개 자리 가운데서 민주당 후보가 24자리를 차지한 비결은 전산 프로그램을 활용한 전산조작이 결정적인 기여를 하였다. 쉽게 이야기하면 상대방 표를 도둑질해서 서울 구청장 자리를 싹쓸이 했는데, 그들 가운데 권력을 즐기고 떠난 사람도 있고 지금도 재선을 통해 현직에 있는 사람도 있다.

셋째, 종로구청장 선거는 자유한국당 후보에게서 7%(2,043표)를 빼앗고, 바른미래당 후보에게서 2%(584표)를 빼앗았다. 빼앗은 득표수의 합은 2,627표이며, 그 2배가 사전투표 조작을 위해 이동한 총 득표수다.

넷째, 유일하게 살아남은 자유한국당 후보는 조은희 서초구청장이다. 서초구청장 선거에서 조은희 후보의 빼앗긴 표 9%(6,093표) 외에 다른 후보들이 빼앗긴 표를 모두 합치면 7,102표이다. 빼앗긴 표만큼 민주당 후보에게 더해졌기 때문에 총 1만 4,204표의 표가 조작되었다. 그런 열악한 조건 하에서도 자유한국당 후보로서 유일한 서초구청장만 당선된 것이 2018 지방선거의 실상이다.

다섯째, 위의 도표에 나오지 않은 구청장들 가운데 빼앗긴 표수는 다음과 같다. 용산구청장 3,937표, 영등포구청장 3,041표, 강서구청장 8,386표, 마포구청장 4,306표, 성북구청장 6,160표로, 전산조작에 동원된 총조작 득표수는 2배로 보면 된다.

여섯째, 구청장 선거에서는 2022 지방선거에 비해 2018 지방선거에서 더 많은 표를 빼앗았음을 확인할 수 있다. 예를 들어 서초구청장 선거의 경우 2018 지방선거 7,102표, 2022 지방선거 4,499표이다. 강서구청장의 경우도 2018 지방선거 8,386표, 2022 지방선거 7,225표이다. 물론 예외도 있다. 종로구청장 선거의 경우에는 2018 지방선거 2,627표, 2022 지방선거 2,881표로 빼앗긴 표가 2022년에 약간 더 많다. 대체적으로 2018 지방선거가 더 과감한 조작을 하였던 것으로 선거 데이터가 말해주고 있다.

이것은 선거라고 볼 수 없다. 그냥 컴퓨터로 연산 프로그램을 운영하듯이 더하기 빼기가 프로그램 운영자에 의해 마음껏 활용되고 있음을 알 수 있다. 대한민국 공직선거가 이런 방식으로 운영되고 있음을 거듭거듭 확인할 수 있다.

교육감 선거도 역시

2022 지방선거에서 보수 교육감 8명, 전교조 교육감 6명이 당선된 것이 화제가 되었다. 왜냐하면 2018 지방선거에서 전교조 출신은 17개 교육감 자리 가운데서 14자리를 차지하였기 때문이다.

2018 지방선거, 전교조 출신 압승에 대해 당시에도 의문을 가졌던 사람들이 많았다. 어디 출신 후보이건 간에 공정선거를 통해 선출된다면 무슨 이야기를 하겠는가! 국민들이 선택한 것이기 때문이다. 그러나 선출 과정에 거짓이 있었다면 이는 권력의 정당성에 심각한 문제가 있다는 것을 뜻한다.

2018 교육감 선거도 사전투표 조작이 대규모 이뤄졌다. 재야 전

문가의 선관위 발표 교육감 선거 데이터를 분석하면 기가 막힌다. 예를 들어 서울시 교육감 선거의 종로구 사례를 살펴보자. 보수 후보인 박선영에게서 사전투표 선거인수의 9%(2,627표)가 전산조작을 통해 조희연에게 넘어갔다. 또한 조영달에게서도 1%(292표)가 조희연에게 넘어갔다. 결과적으로 두 후보에게서 2,919표를 빼앗고, 동시에 조희연에게 2,919표가 더해지게 된다. 총 5,838표가 사전투표 조작에 동원되었다.

이 정도 규모의 표가 이동하면 어디서든 도저히 보수진영 교육감이 당선될 수 없는 수준이다. 종로구뿐만 아니라 전국의 모든 선거구에서 마찬가지 상황이 벌어지게 된다.

이런 식의 교육감 선거는 2022 지방선거에서도 일어났다. 다만 2022 지방선거에서는 정권이 바뀌었기 때문에 주변의 눈치를 보고 조작을 할 수밖에 없었고, 그 결과 조작 정도가 낮았을 뿐이다. 더욱이 보수진영 후보가 세 사람으로 분열되었기 때문에 조전혁 후보만 표를 집중적으로 빼앗은 방식으로 조희연이 무난하게 당선될 수 있었다. 서울 구청장 선거에 사용되었던 전산조작 방식이 그대로 서울 교육감 선거에도 활용된 것으로 보인다.

지방 구청장 선거도

서울 구청장 선거에 사용된 조작 방식은 전국의 모든 기초자치단체는 물론이고 광역시도지사 선거에 사용된 방법도 같다. 다만 조작규모만 다를 뿐이다.

〈5-11〉 2018 지방선거(구청장), 조작값, 조작규모

선거구	민주당	한국당	바미당	빼앗긴 사전투표 득표수 (총 조작규모)
부산 중구청장	+9%	−9%		729표(1,458표)
대구 수성구청장	+10%	−10%		6,772표(12,544표)
인천 중구청장	+7%	−6%	−1%	1,391표(2,782표)
광주 동구청장	+2%		−2%(평화당)	479표(958표)
대전 중구청장	+8%	−7%	−1%	3,024표(6,048표)
경남 진주시장	+10%	−9%	−1%	7,183표(14,366표)
강원 춘천시장	+10%	−8%	−2%	5,042표 (10,084표)
울산 중구청장	+10%	−10%		4,295표(8,590표)
수원 장안구청장	+8%	−7%	−1%	2,897표(5,794표)

주: 조작값은 사전투표 선거인수 %
광주 동구청장은 민주평화당(김성환)으로부터 가져옴

첫째, 2018 지방선거 지방 구청장 선거도 서울 구청장 선거와 마찬가지로 전산조작에 의해 특정 후보 혹은 후보들의 사전투표 득표수 가운데 일정 부분을 가져다가 민주당 후보에게 더하는 방식이 사용되었다.

둘째, 부산 중구청장의 경우 한국당 후보에게서 -9%(729표)를 빼앗아다가 민주당 후보에게 +9%(729표)를 더해주었다. 총조작규모는 1,458표이다. 대구 수성구청장의 경우도 마찬가지다.

셋째, 인천 중구청장의 경우에는 자유한국당(-6%), 바른미래당(-1%) 두 후보에게서 표를 빼앗았지만, 자유한국당 후보가 빼앗긴 표가 압도적으로 많다.

넷째, 선거조작범들이 만들어 시운전을 성공적으로 마친 전산프로그램을 2017 대선에 이어서 계속해서 2018 지방선거에도 사용

했음을 확인할 수 있다. 다만 그들의 계획과 지역 특성에 맞추어서 조작률을 조정하였음을 알 수 있다. 이처럼 2018 지방선거는 물론이고 대한민국 공직선거가 전적으로 전산조작에 의해 후보별 득표수가 만들어지고 있다는 사실을 다시 한번 확인할 수 있다.

3

2021 보궐선거, 그럼에도 조작

"선거 사기질도 중독성 질환이다." 그 달콤함과 편리함 때문에 한 번 시작하고 나면 선거조작범들은 그것에 손을 대지 않을 수 없을 만큼 중독성이 강하다. 공직선거에 출마한 사람들은 선거만 다가오면 자신도 모르게 엉덩이가 들썩거리게 된다는 이야기가 있다. 그만큼 선거에 출마해본 사람들은 강력한 중독 현상에 노출된다는 것이다. 이보다 더한 것이 선거사기라 할 수 있다. 조작값을 입력만 하면 선거 결과를 자기 마음대로 만들 수 있는 것을 맛본 사람이 그 쾌감과 황홀함을 어떻게 잊겠는가?

2021년 4·7 서울시장 보궐선거

2021년 서울시장 보궐선거와 부산시장 보궐선거는 성추문 사건으로 물러난 민주당 출신 인사들을 대신하는 선거였기 때문에 초반부터 통합당 승리로 판세가 굳혀진 선거였다. 그런 열악한 상황 속에서도 어김없이 사전투표 조작이 감행되었다.

우선 선관위 발표 선거 데이터로부터 "서울시장 보궐선거에서 어느 정도 사전투표 조작이 있었는가?"라는 질문에 대한 답을 찾아본다.

〈5-12〉 2021 보궐선거(서울시장), 조작된 상태와 수정된 상태

20210407보궐선거 서울 총투표수 조작
구별 총투표수 평균

	더불어민주당 박영선	국민의힘 오세훈	기본소득당 신지혜
종로구	[illegible]	0.117	- 0.002
중구	[illegible]	- 0.104	- 0.000
성동구	[illegible]	- 0.090	- 0.002
용산구	[illegible]	- 0.095	- 0.001
광진구	[illegible]	- 0.091	- 0.002
동대문구	[illegible]	- 0.096	- 0.001
중랑구	[illegible]	- 0.091	- 0.001
성북구	[illegible]	- 0.099	- 0.002
강북구	[illegible]	- 0.083	- 0.002
도봉구	[illegible]	- 0.090	- 0.002
노원구	[illegible]	- 0.078	- 0.001
은평구	[illegible]	- 0.088	- 0.002
서대문구	[illegible]	- 0.086	- 0.002
마포구	[illegible]	- 0.090	- 0.002
양천구	[illegible]	- 0.084	- 0.001
강서구	[illegible]	- 0.093	- 0.002
구로구	[illegible]	- 0.097	- 0.001
금천구	[illegible]	- 0.085	- 0.001
영등포구	[illegible]	- 0.097	- 0.002
동작구	[illegible]	- 0.096	- 0.002
관악구	[illegible]	- 0.096	- 0.002
서초구	[illegible]	- 0.101	- 0.001
강남구	[illegible]	- 0.093	- 0.001
송파구	[illegible]	- 0.084	- 0.001
강동구	[illegible]	- 0.088	- 0.001
평균값	0.100	- 0.093	- 0.002

20210407보궐선거 서울 총투표수 수정
구별 총투표수 평균

	더불어민주당 박영선	국민의힘 오세훈	기본소득당 신지혜
종로구	- 0.018	0.027	- 0.002
중구	0.011	- 0.004	- 0.000
성동구	- 0.011	0.017	- 0.002
용산구	- 0.013	0.019	- 0.001
광진구	- 0.002	0.010	- 0.002
동대문구	0.001	0.003	- 0.001
중랑구	0.003	0.003	- 0.001
성북구	0.015	- 0.006	- 0.002
강북구	- 0.002	0.008	- 0.002
도봉구	- 0.001	0.007	- 0.002
노원구	- 0.013	0.020	- 0.001
은평구	0.004	0.004	- 0.002
서대문구	0.000	0.011	- 0.002
마포구	0.003	0.008	- 0.002
양천구	- 0.015	0.020	- 0.001
강서구	0.004	0.003	- 0.002
구로구	0.009	- 0.004	- 0.001
금천구	- 0.000	0.007	- 0.001
영등포구	- 0.001	0.007	- 0.002
동작구	0.005	0.005	- 0.002
관악구	- 0.008	0.016	- 0.002
서초구	0.008	- 0.004	- 0.001
강남구	- 0.004	0.008	- 0.001
송파구	0.003	0.003	- 0.001
강동구	- 0.013	0.019	- 0.001
평균값	- 0.001	0.008	- 0.002

왼쪽 그래프는 선관위 발표 후보별 득표수를 이용해서 구한 차이값(사전-당일투표 득표율)이다. 좌우대칭 구조, 민주당은 모두 플러스, 국민의힘은 모두 마이너스, 이례적으로 큰 차이값 평균치는 민주당 +10%, 국민의힘 -9.3%, 조작되지 않은 신지혜 후보의 차이값 -0.2%이다.

한눈에 봐도 오세훈(국힘당)의 사전투표 득표수 가운데 일정 퍼센트의 표를 빼앗아다가 박영선(민주당)에게 옮기는 일이 일어났음을 알 수 있다. 사전투표 조작을 위한 전형적인 전산조작이 있었음을 말해주는 차이값 그래프이다.

이처럼 오염된 선관위 발표 후보별 사전투표 득표수에는 뚜렷한 수학적 관계식과 같은 규칙이 발견된다. 여기서 재야 전문가는 사전투표 득표수 가운데 몇 퍼센트를 빼앗고, 몇 퍼센트를 더해주었는지를 나타내는 조작값을 찾아내게 된다.

오른쪽 그래프는 찾아낸 조작값을 이용해서 사전투표 조작이 일어나지 않은 상태를 복원한 것이다. 후보별 진짜 사전투표 득표수를 찾아낸 다음 진짜 차이값(진짜 사전투표 득표율-당일투표 득표율)은 놀라울 정도로 크기가 작다. 차이값 평균은 박영선 -0.1%, 오세훈 +0.8%이다. 사전투표 조작이 없는 정상 투표라면 어떤 선거 결과가 나올지를 말해주고 있다. 좌측으로부터 조작값을 이용해서 우측이 복원되고, 우측으로부터 좌측이 복원될 수 있다. 중간에는 조작값이 결정적인 기여를 한다.

이처럼 조작된 상태와 조작되지 않은 상태를 두 눈으로 확인하고서도 "공직선거에 문제가 없었다"고 할 수는 없는 일이다. 짐승이면 몰라도, 인간이면 머리를 달고 살지 않는가! 이렇게 공직선거를 분탕질한 자들을 찾아내지 않고 뭘 하겠다는 건지 도대체 이해할 수 없는 사회다.

서울시장 보궐선거, 37.89만 표 조작

기가 막힌 일이 또 있다. 성추문으로 치러진 보궐선거였기 때문에 당일투표에서 오세훈은 압승을 했다. 그런데 선관위 자료를 보면 25개 선거구 가운데서 박영선(민주당)이 무려 9개(36%) 선거구에서 승리했다는 내용을 담고 있다. 오세훈이 패배한 선거구는 종로구, 중랑구, 성북구, 강북구, 은평구, 강서구, 구로구, 금천구, 관악구이다.

말이 되는 이야기를 해야 하지 않겠는가! 선거사무를 담당하는 자들이 더하기 빼기조차 못하는지 당일투표에서 압승한 후보가 사전투표에서 36% 지역에서 패배했다는 이야기가 어떻게 나올 수 있을까?

재야 전문가는 25개 선거구를 하나하나 모두 분석한 다음, 조작값을 찾아내고 이를 바탕으로 사전투표 조작규모를 다음과 같이 추정해냈다(〈5-13〉 참조).

첫째, 4·7 서울시장 보궐선거에서 37만 8,817표만큼의 사전투표 조작이 있었다.

둘째, 선관위는 공식적으로 4·7 보궐선거(서울시장)에서 오세훈이 박영선을 11만 9,393표 차이로 눌렀다고 발표하였다. 그러나 선관위 발표 후보별 사전투표 득표수는 심하게 조작된 '만들어진 숫자'이다.

셋째, 선관위의 '만들어진 숫자'에서 선거구별로 조작값을 찾아

〈5-13〉 2021 보궐선거(서울시장), 사전투표 조작

20210407 보궐선거 서울 전체 사전투표 조작율

	더불어민주당	국민의힘	기본소득당			사전투표
	박영선	오세훈	신지혜			선거인수
1.발표득표수	858,134	977,527	7,402	0	0	1,904,059
득표율기준	0.45	0.51	0.00	-	-	
		-16.23%	0.00%			본인표중
2.사전투표 조작수 평균	189,408	-189,408	-	-	-	총조작값
사전투표선거인수	9.95%	-9.95%	0.00%	-	-	19.90%
3.예상 득표수	668,726	1,166,935	7,402	0	0	
득표율 기준	0.35	0.61	0.00	-	-	

거소투표 조작은 제외 했고 숫자는 포함됨, 득표율은 투표인수와 나누어졌음

예상 득표수는 다소 차이가 있음

선관위득표수 박영선: 오세훈		119,393	오세훈후보가 이긴 선거로 발표했지만 수정을 통한 예상 득표수를 보면
사전투표 예상 득표수	오세훈	498,210	서울에서 만 이긴표 수
	차이값	378,817	

내서 이를 수정한 이후의 사전투표 조작이 없는 상태에서 오세훈은 49만 8,210표 차이로 박영선을 꺾었다. 결과적으로 사전투표에 37만 8,817표가 투입되었을 것으로 추정할 수 있다.

넷째, 사전투표 조작규모를 사전투표 참가자수(사전투표 투표자수) 기준으로 계산해보면 오세훈이 사전투표 참가자수 기준으로 -9.95%의 표를 빼앗겼으면, 이것은 -18만 9,408표이다. 고스란히 이만큼 표가 박영선에게 더해지게 된다. 결과적으로 오세훈 -9.95%(-18만 9,408표)와 박영선 +9.95%(+18만 9,408표)이다. 총조작규모는 사전투표 선거인수의 19.90%(37만 8,816표)이다.

다섯째, 사전투표 조작에 힘입어서 박영선은 정상 투표였다면 사전투표 득표율이 35%로 예상되지만, 실제로 선관위 자료에 따르면 45%로 약 10% 뻥튀기가 되었다. 반대로 오세훈은 정상 투표였다면

사전투표 득표율이 61%로 예상되지만, 실제로 선관위 자료에 따르면 51%로 쪼그라들고 말았다.

여섯째, 선관위는 4·7 보궐선거의 사전투표 결과를 박영선 45%, 오세훈 51%로 오세훈이 사전투표 득표율 기준으로 6% 앞선 선거였다고 공식적으로 발표하였다. 그러나 선관위 발표 선거 데이터의 문제점을 정확하게 간파한 재야 전문가가 사전투표 조작을 수정한 이후에 수정 결과를 발표하였다 박영선 35%, 오세훈 61%로 오세훈은 사전투표 득표율 기준으로 26% 앞섰다.

일곱째, 사전투표에서 26%나 앞선 선거를 6%로 축소시킨 주인공은 선관위다. 대한민국의 헌법기관인 중앙선관위가 발표하는 선거 데이터의 신뢰성은 완전히 깨지고 말았다.

여덟째, 당일투표에서 서울의 모든 선거구에서 압승한 오세훈이 어떻게 사전투표에서만 25개 선거구 가운데 9개에서 패배할 수 있는가? 선관위 자료에 따르면, 동 단위로 보면 사전투표에서 박영선은 거의 44% 동에서 승리를 하였다. 조작이란 이처럼 황당한 일이다.

아홉째, 선관위 발표 박영선의 사전투표 득표수는 97만 7,527표이고 사전투표 조작을 수정한 이후에 박영선의 예상 수정치는 66만 8,726표이다. 격차는 18만 9,408표이다. 반면 선관위 발표 오세훈의 사전투표 득표수는 97만 7,527표인 데 반해 사전투표 조작 수정 이후에 예상 수정치는 116만 6,935표로 격차는 18만 9,408표이다.

박영선에게 더해진 18만 9,408표는 고스란히 오세훈에게서 빼앗은 표이다. 서울시장 보궐선거도 어김없이 전산조작의 위력, 사전투표 조작의 위력을 유감없이 발휘한 선거다.

서초구에서만 1.5만 표 조작

서초구에 일어난 사례는 4·7 보궐선거의 다른 선거구에서 일어난 일을 대표해서 설명해주고 있다. 출마한 12명의 서울시장 후보 가운데서도 유일하게 사전투표 조작의 대상이 된 후보는 오세훈이다.

오세훈은 자신이 얻은 사전투표 득표수(5만 2,540표) 가운데 15%(7,881표)를 빼앗겼다. 빼앗긴 것만큼 박영선에게 전산 프로그램을 통해 더해지게 된다. 결과적으로 서초구에서 전산조작을 위해 동원된 총득표수는 15,762표(박영선이 공짜로 얻은 7,881표+오세훈이 빼앗긴 7,881표)가 된다. 이만큼 인위적인 방법으로 득표수가 이동하였음을 뜻한다.

후보별 사전투표 득표수 조작으로 인해 박영선의 경우 정상 투표였다면 사전투표 득표율이 24%로 예상됐지만 실제 사전투표 득표율은 33%로 뻥튀기가 된다. 반면 오세훈은 정상 투표가 실시되었더라면 74%로 예상되었던 사전투표 득표율이 실제로 64%로 쪼그라들고 만다. 이처럼 전산조작에 의한 후보별 사전투표 득표수 증감 행위는 실제 득표율과 전혀 상관이 없는 숫자를 낳게 된다.

〈5-14〉 2021 보궐선거(서울시장 선거, 서초구), 사전투표 조작

20210407 보궐선거 서울 서초구 사전투표 조작

	더불어민주당	국민의힘	기본소득당	국가혁명당	미래당	민생당	신자유민주연합	여성의당	진보당	무소속	무소속	무소속				사전투표
	박영선	오세훈	신지혜	허경영	오태양	이수봉	배영규	김진아	송명숙	정동희	이도엽	신지예				[illegible]
1.발표득표수	27,203	52,540	225	491	85	124	11	309	89	24	13	227				81,748
득표율기준	0.33	0.64	0.00	0.01	0.00	0.00	0.00	0.00	0.00	0.00	0.00	0.00				
	9.64%	-9.64%	0.00%	0.00%	0.00%	0.00%	0.00%	0.00%	0.00%	0.00%	0.00%	0.00%				본인표중
2.사전투표 조작수	7,881	7,881	-	-	-	-	-	-	-	-	-	-				상수값
사전투표선거인수		15.0%	0.0%	0.0%	0.0%	0.0%	0.0%	0.0%	0.0%	0.0%	0.0%	0.0%				15%
3.예상 득표수	19,322	60,421	225	491	85	124	11	309	89	24	13	227		-	-	
득표율 기준	0.24	0.74	0.00	0.01	0.00	0.00	0.00	0.00	0.00	0.00	0.00	0.00		-	-	

거소투표 조작 숫자는 포함됨 . 득표율은 [illegible] 나누어졌음

예상 득표수는 다소 차이가 있음

사실 서초구의 선관위 발표 자료만 보더라도 단박에 부정선거라는 사실을 알아차릴 수 있다. 선관위 발표에 따르면 박영선의 당일투표 득표율 23%, 사전투표 득표율 33%, 차이값(사전-당일) +10.5%이다. 당일투표에서 23%를 얻은 후보가 무슨 수로 사전투표에서 33%를 얻을 수 있는가? 전산조작을 이용해서 박영선에게 표를 듬뿍 더해주지 않고서는 일어날 수 없는 일이다.

오세훈의 경우도 마찬가지다. 선관위 발표에 오세훈의 당일투표 득표율 75%, 사전투표 득표율 65%, 차이값 -10.1%이다. 당일투표에서 75%를 얻은 후보가 어떻게 사전투표에서 65%로 쪼그라들 수 있는가? 전산조작을 이용하여 오세훈에게서 표를 듬뿍 빼앗지 않고서는 일어날 수 없는 일이다.

전산조작은 좌우대칭 구조를 갖고 있다. 빼앗은 만큼 더해주는 구조를 갖고 있다. 4·7 보궐선거 서초구 선거에서는 오세훈에게 빼앗은 -7,881표만큼을 박영선에게 더해주기 때문에 총조작규모는 7,881표의 2배인 1만 5,762표가 된다.

이런 엉터리 후보별 득표수를 발표한 주체는 중앙선관위다. 그들에게 책임을 묻지 않을 수 없는 이유는 충분하다. 누가 이런 선거 데이터를 만들어서 국민들에게 발표할 용기를 가졌을까? 어처구니없는 일이고, 천인공노할 일이다. 그것도 사적기관이 아니라 세금으로 먹고사는 헌법기관이 말이다.

선관위 발표 자료에 따르면, 서초구에서 득표수를 보면 입이 딱 벌어진다. 선관위 발표 총득표수 기준으로 오세훈 15만 9,432표와 박영선 6만 29표의 격차는 9만 9,403표이다. 그러나 재야 전문가가 찾아낸 조작값을 활용하면 정상적인 투표에서는 격차가 11만

〈5-15〉 2021 보궐선거(서울시장 선거, 서초구), 조작된 상태와 수정된 상태

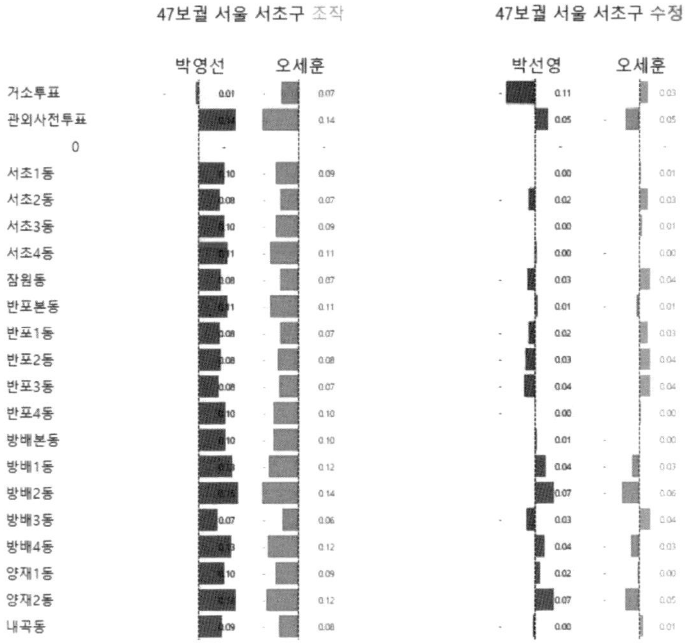

5,165표로 확대된다. 오세훈 16만 7,313표, 박영선 5만 2,148표이다.

〈5-15〉의 왼쪽 차이값(사전-당일) 그래프는 전산조작에 의해 후보별 사전투표 득표수를 부풀리고 줄이는 일이 일어난 상태의 서초구 사례다. 오른쪽은 선관위 발표 후보별 득표수를 정밀 분석해서 조작값을 찾아낸 다음, 이를 이용해서 사전투표 조작을 제거한 상태다. 진짜 차이값 그래프는 진짜 사전투표 득표율에서 당일투표 득표율을 뺀 값을 그래프로 나타낸 것이다.

선거 데이터에 남겨진 조작 범죄가 어떻게 드러나는가를 보여주는 한 편의 작품이다. 선거조작범들은 아무도 모를 것이라고 확신했

을 것이다. 그러나 그들이 남긴 좌우대칭의 차이값 그래프, 엄청나게 큰 차이값, 군대 열병식처럼 도열한 동별 차이값들은 우리에게 말한다. "이것은 선거조작범들이 남긴 작품입니다." 오른쪽처럼 작은 크기의 차이값과 무작위로 분포된 정상선거는 더더욱 우리에게 외친다. "왼쪽 그래프는 조작된 선거입니다." 두 눈이 있는 사람들은 모두 이 땅에서 반복적으로 일어난 선거사기 범죄를 인식하고 행동할 수 있어야 할 것이다.

부산시장 보궐선거, 사전투표 조작 6.6만 표

4·7 서울시장 선거를 조작했는데, 부산시장 선거를 조작하지 않았을 리가 없을 것이다. 다음 그래프 역시 좌측은 선관위 자료에서 구한 사전투표가 조작된 상태의 차이값(사전-당일 득표율) 그래프이다.

좌측 그래는 선관위 발표 후보별 득표수를 갖고 구한 차이값(사전-당일) 그래프이다. 우측 그래프는 선관위 발표 후보별 사전투표 득표수에서 찾아낸 조작값을 활용해서 조작되지 않은 상태로 복원해낸 것이다. 즉 정상 투표가 이루어졌을 경우의 차이값 그래프이다. 좌측 그래프의 경우 차이값의 평균값만 보면 서울에 비해 조작 정도가 좀 덜하다.

김영춘 차이값 +6.7%, 박형준 차이값 -6.4%이다. 대략적으로 사전투표 참가자수의 13% 내외의 득표수 조작이 있었을 것이다. 그럼에도 불구하고 부산시장 보궐선거에서 명백한 사전투표 조작이 있었던 것은 분명하다. 조작을 수정한 우측 그래프와 조작된 좌측 그

〈5-16〉 2021 보궐선거(부산시장), 조작된 상태와 수정된 상태

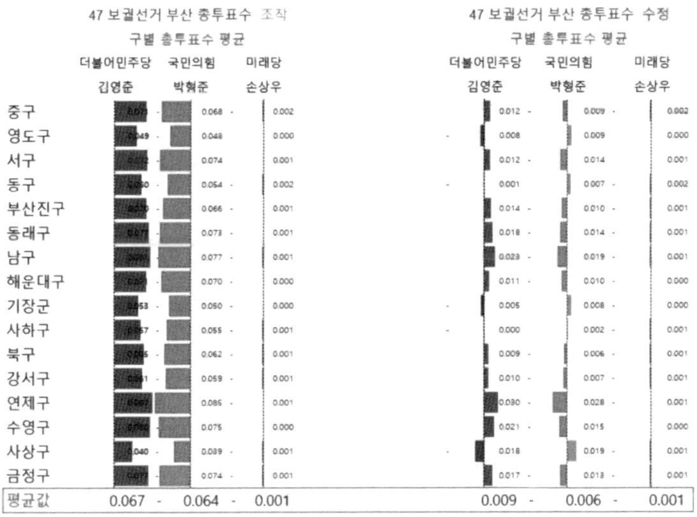

래프는 너무 대조적이다. 선거사기꾼들이 남긴 범죄의 증거물 가운데 하나다.

2021년 4·7 보궐선거 부산시장의 경우 사전투표 조작규모는 6만 5,990표이다. 박형준(국힘당)은 사전투표 참가자수 56만 7,718명 가운데서 -5.81%(-3만 2,995표)를 빼앗겼다. 김영춘(민주당)은 같은 수만큼 전산조작을 통해 사전투표 득표수를 더 얻은 선거였다.

선거구별로 얼마를 훔쳤는지도 모두 다 찾아낼 수 있다. 예를 들어 부산 해운대구에서는 박형준이 10%(4,077표)를 빼앗겼고, 이동된 총득표수는 8,154표이다. 부산 수영구에서는 박형준이 10%(1,919표)를 빼앗겼고, 전산조작을 통해 이동된 총득표수는 2배인 3,838표이다. 부산 사상구에서는 박형준으로부터 10%(1,870표)

〈5-17〉 2021 보궐선거(부산시장 선거), 사전투표 조작

20210407 보궐선거 부산 전체 사전투표 조작율

	더불어민주당	국민의힘	미래당			사전투표
	김영춘	박형준	손상우			선거인수
1.발표득표수	218,092	329,950	2,607	0	0	567,718
득표율기준	0.38	0.58	0.00	-	-	
		-9.09%	0.00%			본인표중
2.사전투표 조작수 평균	32,995	- 32,995	-	-	-	총조작값
사전투표선거인수	5.81%	-5.81%	0.00%	-	-	11.62%
3.예상 득표수	185,097	362,945	2,607	0	0	
득표율 기준	0.33	0.64	0.00	-	-	

거소투표 조작은 제외 했고 숫자는 포함됨 , 득표율은 투표인수와 나누어졌음

예상 득표수는 다소 차이가 있음

선관위득표수	김영춘 :박형준	111,858	박형준후보가 이긴 선거로 발표했지만 수정을 통한 예상 득표수를 보면	
사전투표 예상 득표수	박형준	177,848	부산에서 만 이긴표 수	
	차이값	65,990	-	

를 훔쳤다. 이동된 총득표수는 3,740표이다.

4·7 보궐선거에서 모든 선거구에서 국힘당 후보가 얻은 사전투표 득표수 가운데 10%를 조작값으로 설정하여 사전투표 득표수를 만졌다. 조작 수법이 점점 안정화되어 감을 확인할 수 있다. 2017 대선만 하더라도 선거구마다 들쭉날쭉했는데, 시간이 가면서 특정 지역에는 거의 비슷한 조작값을 적용하는 식으로 선거조작 기술도 안정화되어 가는 추세에 있음을 알 수 있다.

선관위는 박형준이 11만 1,858표로 승리한 선거라고 공식적으로 발표하였지만, 재야 전문가는 선관위 자료에 포함된 사전투표 조작을 제거한 다음 실제로 박형준이 17만 7,848표로 승리한 선거였다고 진단하고 있다. 한마디로 선거가 선거가 아니다.

4
2016 총선, 공정선거

"2016 총선은 선거조작이 없었던 선거였다. 조작값을 찾아내기 위해 다양한 방법들이 시도되었지만, 전혀 사전투표 조작의 흔적이나 증거물을 찾아낼 수 없었다. 2016 총선은 투표자들이 던진 표를 합산한 자연수, 무작위수였다. 중앙선관위 발표 후보별 득표수는 2017 대선 이후의 선거 데이터와 달라도 너무 다른 모습이다."

이런 점에서 선관위의 2016 총선 선거 데이터, 구체적으로 후보별 득표수는 매우 소중한 자료이다. 마음이 완고한 자들이나 사심에 눈이 가려서 사실과 진실을 왜곡하는 자들에게 '사전투표가 조작된 선거'와 '조작되지 않은 선거'를 시각적으로 보여줄 수 있기 때문이다.

조작되지 않은 선거

선거사기범들은 집중적으로 후보별 사전투표 득표수를 조작하였다. 그 때문에 조작된 선거에서는 자연수나 무작위수에서 전혀 발견할 수 없는 일정한 패턴이나 규칙을 선거 데이터에서 찾아낼 수 있다. 전산 프로그램을 이용해서 만들어낸 숫자이기 때문이다.

그러나 조작되지 않은 선거에서는 어떠한 패턴이나 규칙과 같은 것을 일체 찾아낼 수 없다. 조작되지 않은 선거는 자연수가 갖고 있는 강력한 특성인 천방지축과 같은 모양새를 취하고 있다.

재야 전문가의 2016 총선 자료 분석 결과를 살펴보자. 예를 들어 서울 종로구의 경우를 분석하면, 조작되지 않은 선거의 경우 모든 후보에게서 사전투표 조작수와 관련해서 어떠한 조작값을 찾을 수 없다. 따라서 〈5-18〉의 '2. 사전투표 조작수'를 보면 모든 후보에게서 빼앗기거나 더해진 표가 없다는 0값이 나온다. 결과적으로 선관위 발표 후보별 득표수와 예상 득표수가 일치한다. 오세훈의 경우

〈5-18〉 2016 총선, 조작되지 않은 선거

20대 총선 서울 종로구 사전투표 조작

	새누리당	더불어민주당	국민의당	정의당	노동당	녹색당	진리대한당	한나라당	무소속	무소속
	오세훈	정세균	박태순	윤공규	김한울	하승수	이석인	박종구	김대한	이원목
1.발표득표수	7,556	10,584	1,098	120	100	160	14	21	34	27
득표율기준	0.37	0.52	0.05	0.01	0.00	0.01	0.00	0.00	0.00	0.00
	0.00%	0.00%	0.00%	0.00%	0.00%	0.00%	0.00%	0.00%	0.00%	0.00%
2사전투표 조작수	-	-	-	-	-	-	-	-	-	-
사전투표선거인수	0.0%	0.0%	0.0%	0.0%	0.0%	0.0%	0.0%	0.0%	0.0%	0.0%
3.예상 득표수	7,556	10,584	1,098	120	100	160	14	21	34	27
득표율 기준	0.37	0.52	0.05	0.01	0.00	0.01	0.00	0.00	0.00	0.00

는 발표 사전투표 득표율(37%)이 예상 사전투표 득표율(37%)과 일치한다.

선관위 발표 후보별 득표수의 차이값(사전-당일 득표율)도 오차범위 내에 놓여 있다. 선관위 발표 후보별 득표수에 따르면 오세훈 사전투표 득표율 38%, 당일투표 득표율 40%, 차이값 -1.8%이다. 오차범위 내에 차이값이 놓여 있다.

정세균 역시 사전투표 득표율 54%, 당일투표 득표율 52%, 차이값 +1.4%이다. 이 역시 오차범위 내에 차이값이 놓여 있다. 후보별 사전투표 득표수의 차이값이 오차범위 내에 있다는 이야기는 후보에 대한 투표자들의 사전투표 지지도와 당일투표 지지도가 같거나 비슷하다는 이야기다. 더 이상 추가적인 분석을 행할 수는 없다. 왜냐하면 조작값을 찾아내는 작업의 첫 순서는 차이값이 큰 경우 이를 줄여나가는 과정이기 때문이다.

2016 총선(정상)과 2020 총선(비정상)

정상과 비정상을 상호 비교하는 간단한 방법은 차이값을 비교하는 일이다. 사전투표 조작을 하면 선거 데이터가 어떻게 왜곡되는지를 구체적인 설명 없이도 가슴으로 받아들이고 머리로 이해할 수 있기 때문이다.

〈5-19〉 2016 총선(정상선거)과 2020 총선(조작선거) 서울 노원구병

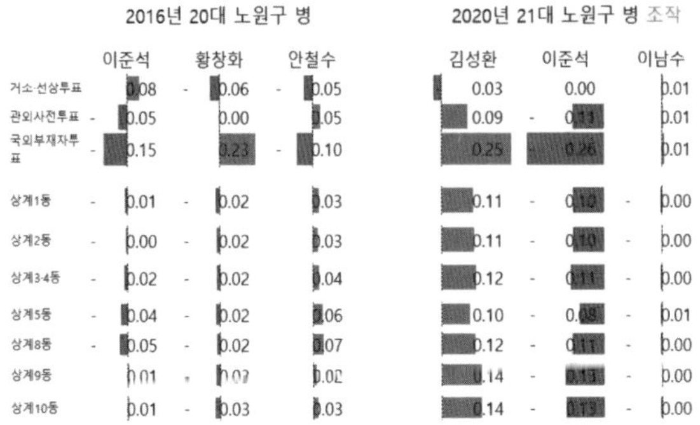

부정선거 없다고 떠들고 다녔던 이준석(노원구병)의 2016 총선과 2020 총선 차이값(사전-당일 득표율) 그래프이다. 사실을 왜곡하고, 선관위 대변인처럼 행동하는 이준석은 자신이 직접 치른 선거에서 어떤 결과가 나왔는지를 봐야 할 것이다. 출세하고, 하지 않고라는 문제를 떠나서 우리 모두는 이미 일어난 사실 앞에 겸손해야 한다. 사악함과 완악함은 결국 드러날 수밖에 없다.

〈5-20〉 2016 총선(정상선거)과 2020 총선(조작선거) 부산 해운대구갑

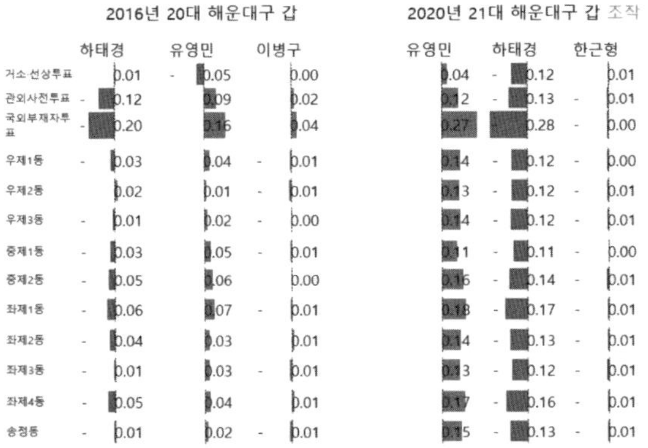

둘째가라면 서러워할 정도로 이준석 못지않게 부정선거 없다고 떠들고 지금도 떠드는 하태경(해운대구갑)이 직접 치른 선거의 데이터이다. 사전투표 조작이 없었던 2016 총선과 2020 총선은 극명하게 대조적이다. 50대 초반인 하태경은 앞으로 정치를 해야 할 세월이 많이 남았는데, 왜 선관위 대변인을 자처하고 있는 것일까? 한때 그를 알았던 사람으로 지금도 미스터리다. 이런 거대한 범죄가 어떻게 밝혀지지 않겠는가!

〈5-21〉 2016 총선(정상선거)과 2020 총선(조작선거) 대구 수성구갑

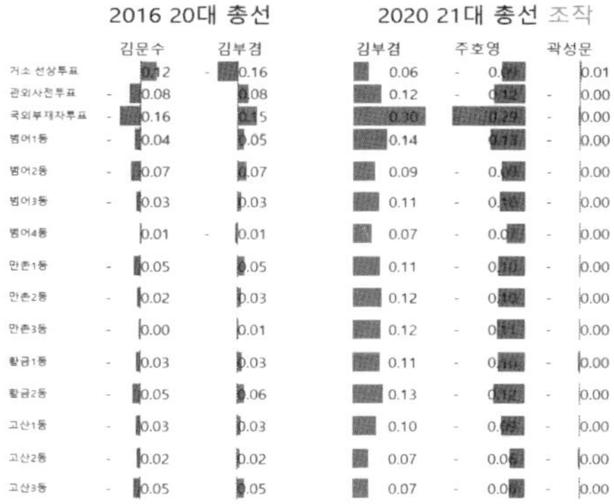

사전투표 조작의 주력부대는 전산조작이다. 그 때문에 시간과 공간의 제약을 받지 않는다. 밀실에 전산 프로그램을 만지는 극소수의 인간들은 서울 찍고, 대구 찍고, 부산 찍고를 하면서 마음대로 후보별 사전투표 득표수를 주무를 수 있다. 대구의 요지 수성구갑의 선거 결과도 조작으로부터 결코 예외가 될 수 없다.

〈5-22〉 2016 총선(정상선거)과 2020 총선(조작선거) 경기 시흥시을

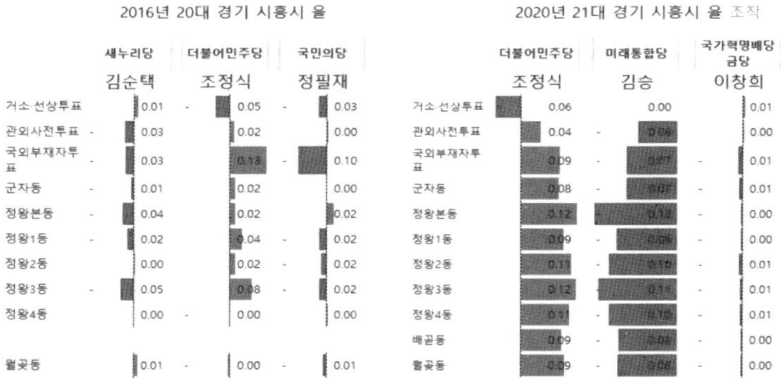

조정식 의원은 5선이다. 굳이 사전투표 조작이 필요 없는 후보라 할 수 있다. 17대부터 21대까지 내리 당선되었기 때문에 지역구 관리가 탄탄할 것이다. 그럼에도 불구하고 전산조작은 무자비하다. 조작이 필요하건 하지 않건 간에 그냥 조작값을 입력해서 전산 프로그램을 통해 후보별 사전투표 득표수를 만들어낸다. 2016 총선에서 조정식 후보는 전산조작에 연루되지 않았다. 현재 민주당 의원들 가운데 전산조작으로부터 자유로운 인물은 전남, 전북, 광주 출신의 일부 의원들뿐이다.

〈5-23〉 2016 총선(정상선거)과 2020 총선(조작선거) 서울 마포구을

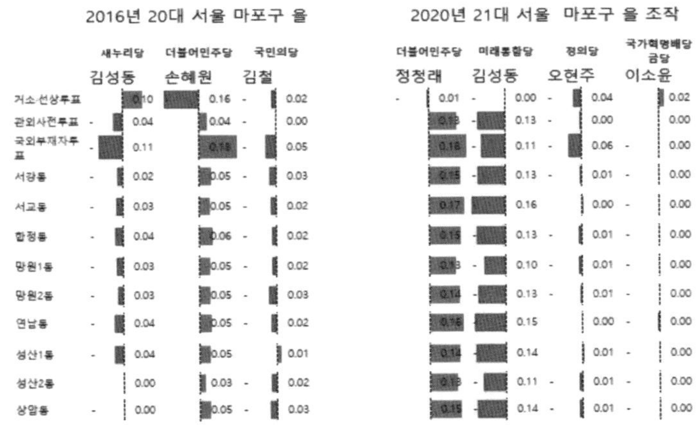

정청래 의원은 3선이다. 굳이 사전투표 조작이 필요하였을까 싶다. 그러나 선거 데이터는 "딩동댕! 정청래 후보는 사전투표 조작을 했습니다"라는 사실을 확인할 수 있다. 다른 곳도 아니고 선관위가 발표한 공식적인 선거 데이터를 통해서다. 지금 매스컴을 자주 타면서 여의도 국회의사당에서 폼을 잡고 있는 민주당 의원들 가운데 사전투표 조작을 통한 당선에서 자유로운 사람은 손에 꼽을 정도다. 대부분이 전산조작, 사전투표 조작, 부정선거의 결과로 금배지를 달게 되었다. 더불어민주당이란 공당 자체가 역사적 단죄를 받지 않는다면, 이 나라는 정상국가로의 복원이 어려울 것으로 본다.

5

종합:
2017 대선~2022 지방선거

2017 대선부터 2022 지방선거에 이르기까지 공직선거의 실체적 진실을 밝히기 위한 분석 작업은 우리에게 다음과 같이 말한다.

첫째, 2017 대선~2022 지방선거까지 모든 공직선거는 체계적이고 조직적으로 조작되었다. 우연이나 실수로 한 번 정도 조작한 것이 아니라 조직적인 작업이 진행되어왔다.

둘째, 모든 공직선거는 전산 프로그램을 이용해서 후보별 사전투표 득표수를 증감하는 이른바 전산조작이 주로 사용되었다. 한쪽에서 표를 빼앗고 다른 한쪽에 그만큼을 집어넣는 간단한 연산 프로그램을 활용한 것으로 보인다.

셋째, 보조적인 방법으로 실물 위조투표지 투입이 광범위하게 이루어진 것으로 보인다. 하지만 얼마만큼 위조투표지를 투입했는지를 추정할 수는 없다. 분명한 사실은 선관위가 발표한 후보별 득표수와 개표가 끝난 투표함 속의 투표지 숫자는 정확하게 일치하지 않을 것이란 점이다.

넷째, 선거 데이터의 생산은 외주에 의하건, 아니면 선관위 자체에서 맡았건 간에 책임 소재는 중앙선관위에 있음은 명확하다. 쉽게 이야기하면 조작된 선거 데이터를 국민들에게 발표한 주체는 중앙선거관리위원회다. 오염된 선거 데이터를 인지했건, 인지하지 못했건 관계없이 지위고하를 막론하고 선거사무에 종사하는 자들의 책임은 수사를 통해 밝히고 물어야 한다.

다섯째, 대통령, 국회의원, 광역시도지사, 기초자치단체장, 광역시의회의원 등 거의 모든 선거가 사전투표 조작의 대상이 되었다. 유일하게 사전투표 조작이 이루어지지 않은 선거는 2016 총선과 2020 총선 가운데서 전남, 전북, 광주광역시 일부 선거구일 뿐이다.

여섯째, 윤석열 정부 하에 치러진 첫 공직선거인 6·1 지방선거도 마일드한 조작으로 사전투표 조작이 실행에 옮겨졌다. 몇 달 전에 장관급 선관위 사무총장으로 취임한 박찬진이 사무차장 겸 사무총장 대행으로 진두지휘한 선거였다. 윤 정부 하의 공직선거에서조차 사전투표 조작이 근절되지 않은 것은 앞으로 공직선거에서 일어나게 될 일을 예고해주고 있다. "우리는 계속 그 짓을 합니다!"

일곱째, 선관위가 발표한 후보별 득표수에 남아 있는 조작의 증거물, 즉 일정한 규칙과 패턴은 정확하게 찾아낼 수 있다. 차이값이 큰 상태에서 차이값이 오차범위 내에 가장 적은 값을 수렴시키는 과정에서 후보별 득표수 증감에 이용된 조작값을 모두 다 찾아낼 수 있다.

여덟째, 조작값은 조작되지 않은 상태의 선거 결과를 복원시키게

해준다. 복원된 조작되지 않은 상태의 선거 결과로부터 선관위 발표 후보별 득표수를 복원하는 일이 얼마든지 가능하다. 선관위 발표 선거 데이터를 복원할 수 있다는 것은 선관위 발표 후보별 득표수가 자연수가 아님을 말해준다. 일정한 전산 프로그램을 이용해서 선거사기범들이 후보별 득표수를 만들어왔음을 말하는 것이다.

아홉째, 전산조작에는 많은 사람이 간여하지 않았을 것이다. 극소수의 인력, 어쩌면 한두 사람이 주도하더라도 기술적으로 전산조작을 행하는 일은 어렵지 않다. 전산조작의 위력에 무감각한 사람들은 "요즘 세상에 부정선거가 어디 있냐"고 항변할 수 있지만, 이 책에서 제공된 모든 분석은 단 한 사람이 수행한 작업이다.

열 번째, 공직선거가 반복되면서 조작값은 상당히 안정화되는 추세에 있다. 다시 말하면 초기의 우왕좌왕은 없어지고 서울시장은 얼마, 서울 구청장은 얼마, 부산 구청장은 얼마라는 식으로 정형화되는 경향을 보이고 있다. 이는 선거조작 기술이 그동안의 경험들이 축적되면서 안정화되고 있음을 말한다.

열한 번째, 전산조작을 통한 후보별 사전투표 득표수 만들기는 조악하고 간단하기 이를 데 없는 더하기 빼기와 같은 연산 프로그램 가동으로 쉽게 할 수 있다. 따라서 앞으로도 대한민국 공직선거에서의 전산조작은 멈추지 않을 것으로 본다.

다시 조선 사회로 되돌아가기를 거부하는 국민들의 각성과 적극적인 행동이 없는 한 선거사기범들의 조작 작업은 지속될 것이다. 너무 쉽고, 비용이 들지 않고, 이익이 너무 크기 때문이다.

에필로그

선거사기, 계속될 것

'야, 어째서 이런 나라가 있냐!' 혼자 있을 때 자주 드는 생각이다. 누구나 사기를 치는 일은 나쁜 일이란 것쯤은 안다. 그런데 함께 사회를 이루어서 사는 사람들이 실행할 수 있는 사기 가운데 가장 중범죄에 해당하는 것이 선거사기일 것이다.

선거사기범들이 나쁜 것은 두말할 필요가 없다. 그런데 한국 사회가 보이는 납득하기 힘든 일은 선거사기를 묵인, 방조, 무관심하게 대하고 있고 여기서 한 걸음 더 나아가 은폐하는 데 수많은 사람과 세력들이 힘을 더하고 있다는 사실이다. 이런 면에서 보면 사회가 완전히 맛이 간 상태라 할 수도 있고, 절반쯤은 망한 사회라고 부를 수도 있을 것이다.

"내 앞에서는 부정선거 '부'자도 꺼내지 말라"는 말을 시민사회단체 책임자들이 모인 자리에서 대통령실 강승규 시민사회수석이 했다는 이야기를 전해 들었다. 그도 4·15 총선에서 마포구갑 통합당 후보로 출마해서 야무지게 사전투표 조작으로 피를 본 사람이 아닌가! 아마도 이것이 지금 대통령실의 분위기이고 대통령의 마음일 것이다. 이런 이야기를 들었을 때 "부정선거를 저지른 자들도 문제이지만, 이것을 묵인, 방종, 은폐하는 인간들도 모두 똑같다"는 말이 절로 튀어나왔다.

선거사기가 관행화되면 자유건, 재산이건 생명을 지킬 수는 없다. 선거사기를 치는 사람들의 궁극적인 목표는 근사함과 거리가 멀 것이다. 그냥 간단하게 이야기해서 "우리끼리 잘 해먹자!"는 것이다. 젊은 날 가졌던 이념이나 이상 따위는 세월과 함께 정치판에 뒹굴어온 자들에게는 사치나 장식에 지나지 않을 것이다. 그냥 손쉽게 우리끼리 잘 해먹는 방법 가운데서도 그들에게 쉽고 익숙한 것은 선거 사기질을 통해 권력을 쥐는 것이다. 권력을 쥐는 방법은 이리저리 궁리한 끝에 결국 선거를 훔치는 것만큼 쉬운 일은 없다고 결론 내렸을 것이다.

그들에게 많은 국민이 포함될 수는 없다. '그들'과 '우리'라는 대결 구도가 생겨나게 된다. 선거를 걱정할 필요가 없이 선거조작으로 10년, 20년, 50년 해먹을 수 있으면 국민들은 철두철미하게 수탈이나 약탈의 대상이 될 것이다. "5년간 집값 37% 오를 때 종부세 1,037% 급등"과 같은 기사를 보면서 생각을 좀 깊이 하는 분들이 많이 나오기를 바란다. 문재인 정권 하에서 한국은 거의 막다른 골몰까지 내몰렸다. 실수로 윤석열이 당선되지 않았다면 아마도 20년, 50년 그 동네 사람들이 잡았을 것이다. 선거 결과를 프로그램으로 얼마든지 만들 수 있는데 무슨 수로 정권 교체가 가능하겠는가!

윤석열, 윤석열 정부, 국힘당 모두 자신들이 5년짜리 산소마스크를 단 정권이란 것을 아는지 모르는지 궁금하다. 사전투표 독려에 나선 윤석열의 당선은 그냥 그쪽 선거 선수들이 경북과 대구에서 실수를 범했기 때문에 넝쿨째 권력이 들어온 것에 불과하다. 경북과 대구에서 평균 정도만 조작했어도 그 동네로 권력이 넘어가고 말았을 것이다.

인간이란 참새와 같아서 눈앞의 이익에 매달린다. 6·1 지방선거의 야무진 조작을 보면서도 대통령이란 사람은 침묵, 침묵 또 침묵이다. 선거를 바로 세우려는 희망이 점점 흐릿해지는 상황이 전개되고 있지만, 나는 선거사기범들이 무슨 짓을 했는지를 밝히고 만행을 증언하고 기록으로 남기기 위해 이 책을 썼다. 세상에 그 똑똑한 인간들도 많지만 이 작업의 증거 자료들은 대부분 재야 전문가가 누구의 도움도 받지 않고 혼자서 다 찾아냈다. 한국 역사가 늘 그랬다. 배우고 가진 높은 양반들은 나라의 운명이 풍전등화와 같아도 다들 권력다툼에 목을 매달고 나라의 안위에는 별반 관심이 없었다. 나라가 어려울 때는 늘 민초들이 나섰다.

그래도 당신들 나라만이 아니고 우리나라니까 재야 전문가의 도움으로 이렇게 기록을 남긴다. 내 힘이 자라는 데까지 선거사기범들과 부정선거 세력의 뱃속까지 파헤치는 작업을 계속할 것이다. 그것이 나의 의무라고 생각한다.

사전투표 조작은 앞으로도 계속될 것이다. 선거사기범들에겐 멈춰야 할 어떤 이유도 없다. 처벌받지 않는데 왜 멈춰야 하는가! 부정선거는 역사적 사실만이 아니라 현재와 미래에 우리 모두의 목숨과 명운이 걸린 사안이다. 자식들 세대를 생각하면 도저히 이렇게 그냥 넘어가서는 안 된다. 많은 분이 각성하고 나라를 되찾기 위한 운동에 힘을 더해주기를 간곡히 부탁드린다.

부록: 자료 목록

제1장 선거사기

제2장 전산조작

제3장 3·9 대선, 6·1 지방선거

제4장 4·15 총선

제5장 2017 대선부터 모든 공직선거

도둑놈들 1

1판 1쇄 발행 2023년 1월 16일
1판 3쇄 발행 2023년 5월 10일

지은이 공병호

펴낸이 공병호
펴낸곳 공병호연구소

주소 서울시 강서구 강서로 532 상가 B1
출판신고번호 제2018-000118호
신고연월일 2018년 7월 11일
전화 02-3664-3457 / 010-9004-0453
이메일 info@gong.co.kr
홈페이지 www.gong.co.kr

ISBN 979-11-965092-9-3 (04340)
세트 979-11-965092-8-6 (04340)

책값은 뒤표지에 있습니다.
잘못 만들어진 책은 구입하신 서점에서 교환해 드립니다.

판매·공급
전화 031-927-9279
팩스 02-2179-8103